安倍晋三の歴史戦

拉致問題・慰安婦問題・七〇年談話・靖国参拝

西岡力　阿比留瑠比

産經新聞出版

はじめに――西岡力

安倍晋三元総理大臣が衝撃的な殉職をした後、我が国はもとより世界中でその功績をたたえる声が上がっている。私は「暗殺」という言葉を使わず「殉職」と書いた。「暗殺」は受け身の表現で憎むべき犯人が主語となる。しかし、「殉職」は安倍さんが主語であり、命がけで祖国日本と世界のために戦ってきた安倍さんにふさわしいと思うからだ。

安倍さんの同志だった衛藤晟一《えとうせいいち》議員から次の話を聞いた。第二次安倍政権を生み出し、支えつづけた議員グループ、創生日本の集まりが第二次政権終了後に椿山荘であった。椿山荘は元の山県有朋邸だ。そのことを踏まえて安倍さんは、山県がテロで殉職した伊藤博文のことをうらやましがっていたと話したという。伊藤がハルピン駅で朝鮮人安重根の銃弾に倒れたとき、山県が「(国の仕事の途中で殉職するなど) 彼の死に方は武人として、うらやましい」と語ったことを指している。安倍さんも政治家の仕事、国事は命がけだと自覚していたのだ。だから、「殉職」がふさわしい。ちなみに、安倍さんは六七歳、伊藤は六八歳で殉職した。

安倍さんの功績は広範囲に数えきれないほど存在する。本書の対談相手の阿比留瑠比さんはその多くをご存じだが、私はそのうちの一部である歴史戦と拉致問題において、僭越かもしれないが安倍さんと一緒に戦ってきたと思っている。

安倍さんと拉致問題の関わりは一九九〇年代初め、ヨーロッパからよど号ハイジャック犯グループによって北朝鮮に拉致された有本恵子さんのご両親との出会いから始まった。安倍さんが、恵子さんの母の嘉代子さんが二〇二〇（令和二）年二月に逝去したとき「有本さん御夫妻とは、まだ私が父の秘書を務めている時からお話を伺い、長い間何とか恵子さんを取り戻そうと、共に戦ってまいりました」と語っているとおりだ。

私は有本恵子さん拉致が表に出た一九九一（平成三）年、いまはなき『諸君！』（文藝春秋）という月刊誌に学者としてはじめて日本人が拉致されているという論文を書いた。その前の年、九〇年に自民党の最高実力者であった金丸信が訪朝し、金日成と会談して日朝国交正常化交渉を開始することを決めた。それ受け政府は拉致問題を棚上げしたまま、莫大な経済支援をともなう国交正常化を行おうとしていた。それに強い危機感を持って私はその論文を書いた。そのとき、政府関係者をふくむ専門家らから「身の危険はないですか」と警告された。匿名の「殺す」という脅迫状も受けとった。

安倍さんは私とほぼ同じ時期に、このタブーに向き合いながら拉致被害者を取り戻す戦いに入ってきた。だから同志だ。

実は、殉職の一年前、再度病気のため総理を辞任した安倍さんと一対一で拉致問題について話したことがある。そのとき安倍さんは「西岡さんと私の戦略」という言葉を使った。安倍さんは自分の考えが私たち家族会（北朝鮮による拉致被害者家族連絡会）・救う会（北朝鮮に拉致された日本人を救出するための全国協議会）の運動方針と大きなところで一致していると考えていたのだ。

次に安倍さんの歴史戦について触れたい。これは安倍さんという政治家の本質に関わることだ。外交評論家の宮家邦彦氏は安倍さんが殉職した直後にこう書いた。

〈安倍外交の究極目的は「敗戦により失われた日本の国際的立場と名誉を取り戻す」ことだったと推測する。それにはまず、自由、民主、法の支配、人権、人道などの普遍的価値を体現し、力による現状変更に反対する国際社会の大義名分の下に日本が立っていることを明確にする必要がある。そうすれば将来の大規模な国際紛争や環境激変の中で日本が「勝ち組」に残り、その後の国際的ルール作りに参画できるからだ。戦前日本の最大の失敗は、結果的に日本が「現状変更勢力」と見られてしまったことである〉（産経新聞、二〇二二年七月一四日）

本書で、阿比留さんと論じたが、宮家氏は著書などで慰安婦問題や南京事件など歴史問題に対して当時の価値観を持ち出して反論することは政府がなすべきではないと書いている。だから、ここで彼が言う「名誉を取り戻す」は、戦前の日本はナチスドイツやスターリンのソ連のような全体主義国家ではない、ドイツやソ連が行ったジェノサイドを我が国は行ってはいないという歴史の真実を国際社会に伝えることを指してはいない。敗戦と米軍の占領によって我が国が民主化されたという占領軍史観を肯定しながら、勝ち馬に乗ることが安倍晋三外交の本質だと主張しているのだ。

しかし、それは私の知る安倍さんの本質とは異なっている。安倍さんは、総理大臣として新たに赴任する大使に必ず歴史戦で大使本人が先頭に立って反論するようにと指示を出してきた。私が宮家氏らを念頭に多数の外務省ＯＢは、歴史戦での反論は負け戦だから得策でないという主張をしていると話すと、それは間違いだと明言した。

二〇一五（平成二七）年一二月の日韓慰安婦合意の直後、二〇一六年一月参議院予算委員会で安倍さんは「（慰安婦問題について）海外のプレスを含め、正しくない事実による誹謗中傷があるのは事実でございます。性奴隷あるいは二〇万人といった事実はない。（中略）政府としてそれは事実ではないということはしっかり示していきたいと思います」という歴史的答弁を行っている。安倍さんは歴史戦でも先頭に立って戦っていた。


第二次安倍政権で首相補佐官兼内閣広報官だった長谷川榮一氏は二〇二二年三月に出した『首相官邸の2800日』（新潮新書）で、安倍総理の靖国神社参拝のときケネディ駐米大使と次のようなやりとりを行ったと書いている。

〈「大使、安倍晋三さんは3人いるのです。1人目は人柄の良い、優しくて、しかし、負けず嫌いの安倍さん。2人目は、日本の誇り、歴史と保守主義を大事にする国会議員である安倍さん。3人目は、行政府の長である安倍内閣総理大臣。総理大臣は、民主主義の下、なるべく多数の方の意見を容れて政府としての方針をまとめあげるので、自らの主張は抑えなければならないことが多くなります。今日は、どの安倍さんが出ているのか、を見極めることが大事です」

大使には初耳の表現だったようで、一瞬の静寂の後、「長谷川さん、あなたの仕事は3番目の安倍さんを増やすことよ」と答えられた〉

第二次政権発足直後、官邸スタッフと外務省幹部らの中で安倍さんの靖国神社参拝に賛成するのはなんと衛藤晟一補佐官だけだった。しかし、どこの国でも「国のために戦い、尊い命を犠牲にされた御英霊に対し、哀悼の誠を捧げる」（二〇一三年一二月二六日靖国神社参拝時の安倍総理発言）ことは当たり前のことだ。なぜ、我が国だけが総理がそれをしたら内外から批判されるのか。安倍さんはその異常さこそが、歪んだ歴史認識からくるものと喝破しその是正をライフワークとしていた。

ところが、安倍内閣の内閣広報官が米国大使といっしょになって靖国参拝をするような「日本の誇り、歴史と保守主義を大事にする国会議員である安倍さん」を抑え込もうとしていたのだ。安倍さんの戦いの厳しさをあらためて思う。

安倍さんが唱えてきた価値観外交は、ただ勝ち馬に乗るための戦術ではない。明治維新以来の我が国の歩みを大きな枠組みで普遍的価値観に立つものだと理解した上で、北朝鮮独裁政権によって人権が侵されている自国の拉致被害者だけでなく、世界中の拉致被害者にも強い同情を持ち、中国共産党政権により苦しめられているウイグル、チベット、南モンゴル、香港、台湾の状況を普遍的価値観から許せないと憤慨するそのような普遍的な文明の観点に立つものだ。

衛藤晟一議員は私に安倍さんは祖国日本が必要として総理の座につけようとし、安倍さん本人も命がけでその呼びかけに答えたのだと話した。だからこそ、暗殺されたのではなく殉職したのだ。後に続く私たちも祖国の呼びかけに命がけで答える者でありたい。

本書で私は阿比留さんと安倍さんの歴史戦と拉致問題での戦いを浮き彫りにしようと試みた。ぜひ、多くの方に読んでいただき、安倍さんの戦いを引き継いでいきたい。

令和五年五月

西岡　力

安倍晋三の歴史戦◎目次

第四章 外務省の敗北主義

朝鮮総連を締め上げた安倍氏
疑惑の人物を再入国禁止に
拉致議連への工作
官僚を使った中川昭一氏
拉致問題解決に最も近づいた瞬間
「四〇年の自衛官生活で一番緊張」
横田滋さんへの弔辞
民主党政権の罪
斎木元外務省次官の卑怯
外務省の縄張り意識
「敗北主義」だった日本
戦わない外務省
マスコミも政治家も

装 丁 神長文夫+柏田幸子
DTP 荒川典久

第一章　安倍総理の戦略

「保守で一〇年つなぐ」

阿比留　安倍晋三さんが二〇〇六（平成一八）年に総理になってまだ間もないころに、私に「自分はあと何年総理ができるかわからないが、保守で一〇年はつなぎたい」と言ったことがありました。おそらく次の総理は盟友であり、兄貴分であった中川昭一さんを想定していたのだと思います。保守政権で一〇年つなげば霞が関の官僚は賢いから、保守派でなければ出世ができないと考えて保守の勉強をするだろう、そうすれば保守が日本全体に波及すると安倍総理は考えていたのです。

第一次政権は残念ながら一年で終わりましたが、第二次政権は七年九カ月続きました。一〇年には足りず、まだ完成を見ていないとはいえ、その間に外務省の体制はガラッと変わったのです。昔の外務省は歴史認識問題で他国と議論することを避けていて、比較的まともな考えを持っていた人ですら、慰安婦問題をはじめ歴史問題は頭を低くしてやりすごそうという姿勢でした。それが目に見えてはっきり変わってきたのです。

西岡　安倍さんのある側近は、後輩の外務省の人間たちに「総理は本気だぞ。しっかりやらないと飛ばされるぞ」と檄を飛ばしていたそうです。安倍さんの人事は、スタッフを頻繁に替えるようなことはあまりない。とくに官邸のスタッフに対しては、同志を重視して登用していました。「自分にとって同志こそが核心だが、官僚には同志は少ない。だから同志をずっとそばに置いておいて、こういうふうに仕事をやらなければ出世はできないのだというモデルを作る」という考え方で、安倍さんは人事を行っていたと思います。

これは歴史戦ではある程度、うまくいきました。とくに慰安婦問題で外務省は歴史戦を強力に戦える体制になったのです。

阿比留　後に話しますが、外務省には「歴史戦はもうとっくに負けている」「寝た子を起こすな」という敗北主義が横行していましたからね。外務省内では比較的保守的な人たちですらそうでした。例えば栗山尚一元事務次官はかつて、産経新聞のインタビューで「歴史は勝者が書くものだから」とあきらめを口にしていました。

西岡　一方で、在野では「村山談話」や「河野談話」はすぐに破棄すればいいと言われることが多かったのですが、それは口で言うほど簡単なことではありません。

安倍さんは第一次政権のときから戦略的なやり方を進めてきました。

阿比留　そうですね。安倍さんは「村山談話」について、「受け継ぐ」と言いました。しかし一方で外務省には、「村山談話を引用するな」という指示を出していました。その後、いったいいつの時代の何について日本が謝罪するのかよく分からない曖昧な「村山談話」

を戦後七〇年の「安倍談話」によって完全に上書きして、「村山談話」をほとんど無意味なものにしましたね。

西岡　第二次安倍政権が発足する前、私は衛藤晟一さんたちと歴史戦の戦い方について何度かブレーンストーミングを行いました。そのとき、みなでこう考えたのです。

村山政権で日本政府が当時、お詫びの談話を出したことは事実です。その後、日本で革命が起きたわけではないし、当時の村山連立政権には自民党も入っていました。そこで、被害を最小限に抑えるため、談話を出した事実を認めた上で、一番新しい談話を出すことがよい。「村山談話」が出た後に歴史学が進んで、その結果、現在はこうなったのだという最新の談話を出す。談話を「上書き」するのが一番よいということになったのです。

阿比留　「安倍談話」は「村山談話」などの後からできたものだから、他の談話を引用する必要はないというわけですね。

一度、発表された談話を破棄するのが難しいのは、例えば小渕恵三政権のときに発表した一九九八（平成一〇）年の「日中共同宣言」の中に「日本側は、（中略）一九九五年八月一五日の内閣総理大臣談話を遵守し」と「村山談話」が出てきたりするからです。もし「村山談話」を破棄するとなるとこの「日中共同宣言」も破棄するのかとなって、ひたすらややこしい話になってしまいます。一方、慰安婦募集の強制性を認めた一九九三年の「河野談話」は閣議決定もされておらず、「村山談話」に比べ破棄のハードルは低そうですが、あまりにも海外で日本の公式見解として流布されすぎて、破棄はやはりハレーションが大きい。日本は歴史修正主義の国だとの偏見を補強しかねない難しさがある。

西岡　私は「河野談話」も上書きして、新官房長官談話を出せばいいと考え、私案まで作った。当時の官房長官である菅義偉さんにそれを見せもしました。しかし、それは実現しなかった。安倍総理は新しい談話を出すのではなく、「河野談話」が作られた過程について検証することを決めたのです。その「検証報告書」（「慰安婦問題を巡る日韓間のやりとりの経緯」平成二六年六月二〇日）が事実上、談話を上書きするものになりました。「検証報告書」で述べていることは、簡単に言えば、「河野談話」は、韓国側から「とにかく強制を認めてほしい」と要請があったから、日本側は仕方なく、強制の定義を広げて「慰安婦の募集は本人の意思に反するものであったために強制だった」というふうに書いたということです。つまり、「河野談話」は外交的な文書で、歴史的事実を書いた文書ではありません。

戦略的な体制づくり

西岡　安倍さんは戦略的な人です。「保守で一〇年つなぐ」のも戦略ですし、拉致問題でも安倍さんがずっと取り組んでいたのは戦略的な体制づくりでした。

安倍さんは二〇〇三（平成一五）年に幹事長に就任すると、自民党の中に北朝鮮による拉致問題対策本部をつくりました。今でも自民党本部玄関には、大きな「自民党・北朝鮮による拉致問題対策本部」という看板が掲げられています。すると主要政党も同じ組織を作りました。国会にも北朝鮮による拉致問題等に関する特別委員会があります。自分一人の力だけではダメだというのが安倍さんの動き方です。

阿比留　安倍さんは戦略的な人だと言われましたが、まったくその通りです。安倍さん自身、「戦略的」という言葉が好きでよく用いました。例えばある国や人を批判する場合でも「〇〇は戦略的でない」という言い方をしました。それは外交においても、国内の政局の場合でもそうでした。安倍さんから「保守派はあまり戦略的でない人が多い」という苦言を聞いたこともあります。

西岡　安倍さんは、第一次安倍政権ができると、今度はすぐに政府に拉致問題対策本部をつくり、新たに拉致問題担当大臣を置きましたね。小泉純一郎首相の訪朝後でも、外交問題は外務省、犯罪捜査は警察庁、情報を取って来るのは内閣情報調査室と公安調査庁とバラバラで、あとは家族支援室として参与の中山恭子さんがいただけでした。参与は非常勤です。

ですから、私たちは一九九九（平成一一）年に開いた「家族会」と「救う会」による最初の国民大集会では、その問題を訴えたのです。集会の正式名称は「拉致問題を国政の最優先課題にするぞ！　国民大集会」で、「主権侵害で人権侵害なのだから、国政の最優先課題にするべきだ。拉致だけを扱う部署を政府に作ってほしい」という決議を行いました。

でも、われわれが要請に行ったわけでもないのに、安倍さんは総理になると、中山恭子さんたちに準備を命じて、拉致問題対策本部をつくったのです。第一次安倍政権は一年で終わりましたが、本部は今も残っています。この体制を作ってくれたのは大きかったですね。

阿比留　安倍さんは目的合理性の高い人です。何かを実現するためには、どういうことをしなければならないのか考えて動く。そのためには時間がかかろうが複雑なプロセスを踏もうが、一向に面倒くさがらない人でした。あまり思い付きでものを言うことはなく、何かを発信するときはタイミングや効果を見計らっていました。

西岡　拉致問題をどう解決するかというと、「先圧力・後交渉」です。安倍政権以外では、われわれがアジェンダ（行動計画）を作って、こういうふうにやってくださいと頼んでいました。しかし安倍政権は「対策本部を作る」「制裁をかけよう」と私たちよりも先に手を打つのです。

最初の制裁は安倍さんが官房長官のときでした。北朝鮮が弾道ミサイルを発射したため、制裁を科したのですが、政府の制裁理由に「拉致」は入っていませんでした。安倍さんの秘書に「なぜ入れないのですか」と尋ねると、「官房長官記者会見の中で、拉致問題を理由として入れます」と言われました。安倍さんが会見で「拉致」を明言したのです。それからは制裁の理由に「拉致問題で不誠実な対応をとっている中、核実験を行った」というふうに「拉致」が書き込まれるようになりました。

安倍さんがよく言っていたのは、制裁は二回使えるということです。制裁をするときに一回、制裁を解除するときに一回です。制裁を科しておけば、交渉のときに制裁解除というカードが使える。でも、もし制裁をしていなければ、食料支援といった別のカードを出さなければならないということです。

残念ながら日本単独の制裁では、北朝鮮の金王朝を倒すことができません。北朝鮮には中国の支援も入って来るし、国際情勢によっても左右します。しかし、日本が制裁を科すことで、北朝鮮に嫌な思いをさせることはできます。嫌な思いをさせて北朝鮮が痛みを感じるようになったら、「やめてくれ」と言うでしょう。そのときに拉致被害者を返してくれというバーゲニング（取引）ができるのです。「けしからん、制裁しろ」と、ただ言うのではなく、「先圧力・後交渉」が重要です。これは安倍さんの戦略的な考え方から出てきたものです。

さらにもう一つ、拉致問題について大きかったのは、安倍さんが官房長官時代に戦略的な法律が成立したことです。「拉致問題その他北朝鮮当局による人権侵害問題への対処に関する法律（北朝鮮人権法）」ですが、この法律の中に次のような文言が入ったのです。

「政府は、拉致問題その他北朝鮮当局による人権侵害問題に関し、国民世論の啓発を図るとともに、その実態の解明に努めるものとする」「地方公共団体は、国と連携を図りつつ、拉致問題その他北朝鮮当局による人権侵害問題に関する国民世論の啓発を図るよう努めるものとする」

そして一二月一〇日から一六日を北朝鮮人権侵害問題啓発週間とすることが法律に書き込まれました。それまでの啓発活動は、われわれ民間の「家族会」「救う会」が行っていたのですが、この法律の成立後は、政府、地方公共団体が取り組まなければならなくなったのです。それをしなければ法律に違反することになります。これも安倍さんたちが作ってくれた枠組みです。

今、私たちは「拉致問題担当大臣」や「拉致問題対策本部」があることを当たり前のように思っています。しかし、それは簡単にできたわけではありません。拉致についての国民の関心が一番高かったのは小泉訪朝直後ですが、そのときでも「拉致問題対策本部」はできなかったのですからね。

問題解決のためには、まず体制を作ることが必要だと考えた人が総理になったときにはじめて、それができたのです。

保守の裏切りだけは許さない

阿比留　一九九九（平成一一）年に当時のアジア大洋州局長に内定していた槙田邦彦さんが、「たった一〇人のことで日朝正常化交渉は止まっていいのか」と言ったことがありました。拉致にこだわって国交正常化がうまくいかないのは国益に反するというわけです。外務省のいろいろな人に聞くと、槙田さん自身の言葉というよりも、外務大臣だった河野洋平さんが日頃、話していたことを槙田さんがそのまま言ったのだろうということでした。余談ですが槙田さんは、森喜朗内閣のときの台湾の李登輝前総統来日に最後まで反対、抵抗して官房副長官だった来日推進派の安倍さんと激しく対立した人でもありました。

ともあれ、外務省にそういう拉致問題を軽視する認識が根強かったのは事実です。そのような認識が蔓延る険しい道のりの中で、安倍さんや中川昭一さんが中心になって、いろいろな取り組みをしてきたことは注目されるべきです。

安倍さんと中川さんは拉致問題だけでなく、靖国問題や北朝鮮の朝銀信用組合問題への公的資金投入問題、偏向教科書の記述是正といったいろんなことで協力してきました。おそらく保守系の議連とか勉強会など、ほとんどすべてに何らかの形で関わってきたと思います。それを壊したのが、皮肉にも官房副長官だった安倍さんには支持するしかなかった小泉純一郎内閣での郵政解散でした。多くの保守派の同志たちは郵政民営化に反対していたため、そこへの対立候補として刺客が送られ、かなりの人が落選したり、党籍を離れざるを得なかったりしたのです。

小泉氏による郵政解散直前に、私は衆議院議員会館の事務所で安倍さんがうめくように「彼らは間違っている。自分のやりたいことを実現しようと思うなら、権力の近くにいなければならない。郵政民営化なんて本来、我々が目指していることに比べたら、どうでもいいことではないか」と語るのを聞きました。

衆院選後、私が「安倍さんの手足がもがれたようなものだ」と記事に書いたら、安倍さんは「あの記事は、その通りだ」と言っていました。安倍さん自身は郵政民営化にほとんど関心がありませんでしたね。

西岡　第一次安倍政権が少し弱かったのは、衛藤晟一さんが落選中だったり、古屋圭司さん（現自民党衆議院議員）が離党したりして、同志中の同志だった人がいなかったからです。

阿比留　第一次安倍政権のときに「お友達内閣」と新聞などで批判されたのは全部嘘ですよね。安倍さんと仲が良かったのは塩崎恭久さんぐらいしかいませんでしたし、失言騒動や政治とカネの問題を起こした閣僚らは別に友人関係にはありませんでした。むしろ安倍さんは一次政権を終えた後、各派閥の推薦を受け容れて組閣したことを後悔し、「もっと自分が思うようにすればよかった」と語っていました。だから第二次政権開始のときの布陣は、まさに同志でガチッと固めたのです。案の定、この内閣では失言事件や変なスキャンダルは起きませんでした。

安倍さんは政治家ですから、さまざまな理由による離合集散は許します。しかし、「保守」という機軸を大事にしていて、保守の裏切りだけは許さないと言っていました。安倍さんに言わせれば「保守はあなたの信念ではなかったのか。そこでふらつく人は信用できない」ということです。

西岡　拉致問題で言えば、こんなことがありましたよね。平沢勝栄さんは拉致議連の事務局長をしていて、一時期は毎日、テレビに出ていましたが、その平沢さんが北朝鮮のターゲットになったのです。二〇〇三年一二月の北京での北朝鮮大使らとの秘密接触は私や野党議員も同席しましたが、そこで横田めぐみさんたちは死んでいると言われ、家族会・救う会が反対したにもかかわらず、二〇〇四年四月、山崎拓さんと組んで大連で再度、秘密交渉をしました。

安倍さんはそれについて大変、不満でした。北朝鮮と接触し始めた後、平沢さんは「(拉致被害者）松木さんたちは処刑された可能性も否定できない」と言ったりしましたからね。平沢さんはそれまで「制裁しろ、制裁しろ」と言っていたのに、突然、北朝鮮の言うことを日本に広める形になったのです。まさしくそれは北朝鮮の狙うところでした。つまり、完全に北朝鮮の代弁をするようになったわけです。

だからあれだけ議員を長くやっていながら、第一次安倍政権はもとより、第二次安倍政権でも一度も入閣していませんね。

阿比留　総理大臣には警察庁からある程度、議員についての報告が上がって来ます。例えば京都選出のある野党議員が北朝鮮のハニートラップに掛かっていると、警察庁が安倍さんに伝えてきたことがありました。警察当局から写真を見せられたそうですが、非常に親密にしている写真だったそうです。

西岡　それは後で週刊誌にも報じられましたね。自分の支援者が北朝鮮に工場をつくりたいということで、一緒に行ったことがあると。

阿比留　彼は府議時代から何度も北朝鮮に行っていました。また、第二次安倍政権発足時になかなか外相が決まらなかったので、私が「キャリア的に○○さんはどうですか」と話を振ると、安倍さんが「彼はかつて週刊誌に書かれた通り、本当に中国のハニートラップに引っかかっているから、外相だけはダメだ」と語ったこともありました。

安倍総理からの説明

西岡　二〇一七（平成二九）年二月、私は「救う会」のその年の運動方針を持って官邸を訪問しました。すると、安倍さんは拉致家族と私、拉致対策本部の石川正一郎事務局長だけを残し、他の人をその場から全員退出させて、こんなことを話してくれました。

「オバマ大統領の政策は『戦略的忍耐』だった。しかし、これによって北朝鮮に時間稼ぎを許してしまい、北朝鮮に安心感を与えてしまった。しかしトランプ大統領は違う。ブッシュ大統領と同じように強い圧力をかけようとしている。アメリカは北朝鮮を核軍事攻撃できる世界で唯一の国だ。アメリカにとってもっとも重要な問題は核とミサイルだ。そのアメリカのトランプ大統領に首脳会談で拉致の重要性を説明して、拉致問題解決で認識が完全に一致したことの意味は大きい。

膠着した状況を動かせる可能性が出てきたが、ことはそう簡単ではない。

私が核とミサイルと拉致の包括的解決と言っているのは、国際社会の支持を得るためだ。もちろん、機会が来れば拉致のための交渉をする。

ストックホルム合意といった表の協議は形式に過ぎない。何かを話し合ったからと言ってもそこで結論は出ない。最高指導者の決断を求めるしかない。

交渉のための交渉ではだめだ。交渉を始めるために制裁を緩めてはいけない。緩めるのは被害者を帰すという決断をしたときだけだ。しかし、それをどう実現させるかは難しい。だから、ギリギリの判断で交渉を始めるために便法として一部の制裁を緩めることが絶対ないわけではない。しかしあくまで制裁なのだから、何かあればまた制裁を科すことができる。制裁をせずにコメ支援をして交渉を始めても、結果が出ないまま、北朝鮮にただ取りされるだけだ。

事態が混乱したときの救出作戦は限界がある。現行の安全保障法制では自衛隊が邦人を助けられるのは相手国政府の同意が必要とされている。北朝鮮は同意しないし、韓国もしないだろう。したがって自衛隊の活用は困難だ。公然とは言えないが米軍に被害者のリスト、写真や特徴を渡して依頼してある。

皆さんが期限を定めて解決を求めることは理解できる。それが北朝鮮への圧力となる。ただ、政府が期限を定めると、その期限が過ぎたら交渉を打ち切るとか、軍事攻撃をするとか、かなり厳しいことを行うことが前提となる。だから期限は定めないが、われわれは決してやる気がないわけではない。理解して欲しい」

総理として、このように考えているのだと安倍さんは説明してくれたのです。

安倍さんは拉致問題について、どのような秘密交渉をしているかというようなことは一切言いません。しかし、自らの戦略を家族に説明し、すべての手段を使って一緒に拉致被害者を取り戻すために進もうという姿勢を示してくれました。安倍さんは二度目の総理を辞めた後に私と一対一で会って拉致問題について話したとき、「西岡さんと私の戦略」と言いました。常に結果を出すために何をすればよいかを戦略的に考えていたことが印象的です。

阿比留　安倍さんが「トランプ大統領は拉致問題でハートがあったが、オバマにはなかった。オバマのせいで北朝鮮はのびのびやっている」とこぼしたことがあります。オバマ政権の対北政策「戦略的忍耐」には、意味がないと否定的でした。トランプ政権で米朝首脳会談が決裂した後になると日本政府の対応にも変化がありましたね。

西岡　はい。二〇一九（令和元）年五月になると、安倍総理は条件なしに北朝鮮との首脳会談を開催したいと表明し始めました。これまで安倍総理は、「対話のための対話は意味がない」と何度も強調してきましたが、同年二月のハノイでの米朝首脳会談でトランプ大統領が金正恩朝鮮労働党委員長に安倍さんの拉致に関するメッセージを伝え、金正恩がそれに肯定的な反応をしたのです。トランプ政権幹部が私たちにそう説明しました。この話をトランプ大統領から聞いた安倍総理は、無条件の首脳会談が拉致問題解決につながる可能性があると判断したのです。これは後に菅義偉政権や岸田文雄政権にも引き継がれる枠組みとなりました。

阿比留　その安倍さんに対して、毎日新聞は「国内向けに偏りすぎでは」と題した社説で「外交上のメッセージというより、国内向けのアピールだと受け取られても仕方があるまい」「周辺国の首相で会談していないのは安倍首相だけだとの批判を避ける狙いがあるようだ」「方針転換したのは明らかだが、その背景に合理的な戦略があるようには見えない」（二〇一九年五月八日）などと批判しました。

対して、私は産経新聞のコラム（『阿比留瑠比の極言御免』）で「むしろ焦っているのは北の方ではないか。首相の発言がどうして、『国内向けのアピール』になるのかさっぱり分からない」「毎日新聞は拉致問題に関するトランプ氏と金氏との会話内容にはなぜだか触れていないが、それでなぜ『合理的な戦略がない』と断じられるのか」と書いたのですね。

すると、その直後にたまたま安倍さんは毎日新聞の社長と会食する機会があって、その場で「お宅の論説は何書いているのですか。この産経新聞のコラムの通りじゃないか」と言ったそうです。

西岡　朝日新聞も、それまでは「家族は首脳会談をしてほしいと言っているのに、安倍総理が条件を付けてと言っているのはけしからん」という論調でしたが、安倍さんの発言が変わると、今度は「安倍総理の姿勢は変わったが、家族会は方針を変えたのか」という質問が私たちに寄せられるようになりました。家族の口から、安倍批判を言わせようと考えて誘導しようとしているように感じました。

野党とメディアの侮辱

阿比留　家族の口から安倍批判というのは、野党も同じです。例えば二〇一六（平成二八）年一月に衆議院予算委員会で外務省出身の緒方林太郎議員が、蓮池薫さんの兄の透さんの著書『拉致被害者たちを見殺しにした安倍晋三と冷血な面々』（講談社）を引用して、「拉致問題はこれでもかというほど政治利用されてきた。その典型例は安倍首相だ」「拉致を使ってのし上がったのか」と質問しました。これに対して安倍さんが「いちいちコメントするつもりはない。大切なことは北朝鮮に対して一致結束し、すべての被害者を奪還するために全力を尽くすことだ」と怒ったことがあります。

その日、薫さんから安倍さんに電話がかかり、「兄がまた迷惑をかけてすいません」とお詫びされたそうです。薫さんのお兄さんは、活動家もどきの人物でした。

横田滋さんが亡くなったときに、横田拓也さん、哲也さんたちは記者会見でこう言いましたよね。

〈私たち横田家、両親をですね、本当にずっと長い間そばにいて、支援してくださった安倍（晋三）総理、本当に無念だとおっしゃっていただいてます。私たちはこれからも安倍総理とともに、この問題解決を図っていきたいと思っております〉

〈一番悪いのは北朝鮮であることは間違いないわけですが、この拉致問題が解決しないことに対して、あるやはりジャーナリストやメディアの方々が、安倍総理は何をやっているんだというようなことをおっしゃる方もいます。

北朝鮮問題が一丁目一番地で考えていたのに、何も動いていないじゃないかというような発言を、ここ2～3日のメディアを私も見て耳にしておりますけれども、安倍政権が問題なんではなくて、40年以上も何もしてこなかった政治家や、「北朝鮮なんて拉致なんかしてるはずないでしょ」と言ってきたメディアがあったから、ここまで安倍総理、安倍政権が苦しんでいるんです。

安倍総理、安倍政権は動いてやってくださっています。なので、何もやってない方が、政権批判するのは卑怯だと思います。拉致問題に協力して、さまざまな角度で協力して動いてきた方がおっしゃるならまだわかりますが、ちょっと的を射ていない発言をするのは、これからやめてほしいと思っております〉（産経ニュース「『北朝鮮が憎くてならない。許すこ

とができない』横田滋さん死去で早紀江さんら家族が記者会見・詳報（上）」二〇二〇年六月九日）

西岡　私も会見の席で横田さんたちの隣にいて聞いていました。安倍政権は何もしてくれなかったという批判に対して、私も「マスコミは今まで何を報道してきたのか。ちゃんと報道もしなかった人たちにそんなことを言ってもらいたくない」と言いたいと思います。

阿比留　安倍さんにそのときの感想を聞いたら、「涙が出る思いだった」と語りました。ところが、マスコミはこの横田家の訴えをほとんど報じませんでした。それは自分たちに都合が悪いからです。

横田さんたちが、ＴＢＳの番組で発言したジャーナリストの青木理さんにくぎを刺したことは明らかでしたからね。青木さんは「拉致問題が今の安倍政権のある意味一丁目一番地」「安倍さんが一気に政界の階段を駆け上がるきっかけになった」「『何の結果も残せないんじゃないか』というようなことを言う人もいる」と発言したのです。「言う人もいる」などと述べていますが、自分がそう言いたいのでしょう。

毎日新聞専門編集委員の牧太郎さんは「安倍晋三は『横田めぐみ一家』を騙し、徹底的に『政治利用』しただけ」「『拉致』を利用して総理大臣になっただけだった」と、一切の根拠も示さずにブログに書きこみました。滋さんの死を安倍首相批判に利用するその姿勢は、まさに「お前が言うな」です。安倍首相への誹謗中傷であると同時に、長年にわたり安倍首相とともに拉致問題解決に懸命に働いてきた拉致被害者家族に対する侮辱以外の何物でもありません。そもそも安倍さんが拉致問題に取り組み始めた頃は、かえってそのことで自民党内でも批判されたり、バカにされたりしたのだし。

バイデン政権のブルーリボンバッジ

西岡　拉致問題ではこんなこともありました。バイデン政権が発足したとき、「拉致問題の解決はアメリカにとって不可欠な要素であり、アメリカの国益にとってプラスになる」というトランプ大統領の考え方をいかに維持させるかが勝負でした。もちろん、トランプ大統領にこの考え方を打ち込んだのは安倍さんです。当時の菅義偉総理はその重要性を理解していました。

二〇二一（令和三）年四月に訪米してバイデン大統領と初めて会談した際、向こう側にはブリンケン国務長官、オースティン国防長官、サリバン安保担当補佐官、キャンベル・インド太平洋調整官が座っていました。そのとき、国防長官以外の国務長官、安保担当補佐官、インド太平洋調整官の政権最高幹部三人が、なんと胸にブルーリボンバッジを着けていたのです。これは驚きでした。

菅総理は、産経新聞のインタビューでこのことに言及し、「バイデン政権は菅政権が何を望んでいるか、研究に研究を重ねている。（略）ブルーリボンは私を含む日本国民が一番喜ぶだろうと考えたのでしょう」と述べていましたよね。菅総理は政権の最優先課題は拉致問題であること、アメリカにとってはトランプ大統領のつくった枠組みを崩さないことが国益になると、ずっと言い続けていたからです。

バイデン大統領はトランプ大統領の政策を全面的に否定するという政策ですが、拉致問題については、前政権の路線を踏襲しています。問題は国務省でした。「他国のことを、なぜわれわれの外交に入れなければならないのか」と、反対するのではないかとわれわれは心配していたのです。

ところが、国務長官がブルーリボンバッジを着けて出席してきたわけです。これは菅総理が拉致問題を本当に重視していることをアメリカが理解している証左です。日米の間で拉致が重要課題として位置づけられたままであるということを示した出来事でした。

阿比留　安倍さんと菅さんとのコンビは、もともと菅さんが北朝鮮の万景峰号の入港をなんとか阻止できないかと動き出したことから始まりましたからね。当時、菅さんが北朝鮮へのコメ支援に反対していることを産経新聞が報じ、それを読んだ安倍さんが電話をかけて「菅さんが言っていることは正しい」と伝えたのでした。

西岡　ＮＨＫに対し、拉致問題を短波ラジオ国際放送で重点的に放送するようにさせたのも菅義偉さんですよね。菅さんは小泉政権末期、竹中平蔵さんが総務大臣だったときに総務副大臣に就任し、朝鮮総連の施設に対する固定資産税の減免をやめるよう通知を出しました。竹中さんは菅さんに一任でした。

そして第一次安倍政権で総務大臣に就任したとき、菅さんから「固定資産税減免の中止はやったが、ほかに何かやってほしいことはあるか」と聞かれたのです。そこでジェンキンスさんが著書の中で、北朝鮮でＮＨＫの国際放送を聴いていたと書いていたことを話し、「ＮＨＫに対して、国際放送で拉致問題に関する放送内容を増やすようにお願いしてもらえませんか」と尋ねたのですが、菅さんはそれをすぐにＮＨＫに伝えてくれました。

しかし、これに対して「言論に対する権力の介入だ」という批判が上がったため、菅さんは制度を調べて、政府の「命令放送」と呼ばれるものがあることを見つけたのです。ＮＨＫは視聴料で運営されていますが、海外への放送は視聴料が取れないため、税金が使用されます。税金を使用する条件の一つとして政府が放送内容を一定程度指定できる。それが「命令方法」と言われるものです。

菅さんは「命令放送」を求めましたが、NHKの労働組合は左派が強く、「前例がない。権力の介入だ」と反対しました。しかし、菅さんは「法令違反でないのならやれる」という判断を下して、通してくれたのです。

また、第二次安倍政権で官房長官だった菅さんは、最後の約二年は拉致問題担当大臣を兼任していたため、拉致問題は自分の問題だという強い意識があるように思います。バイデン大統領に拉致問題の重要性を訴えることが重要だと菅さんは考えていたのです。

岸田さんもその考えを引き継いだ。二〇二二（令和四）年五月、バイデン大統領が日米豪印四カ国（QUAD）の首脳会議のために東京を訪れた際、スケジュールが限られている中で、拉致被害者家族と面会したのです。日曜日に到着し、火曜日は四カ国の首脳会議が入っていて、月曜日だけが日米間で使える唯一の時間でした。その月曜日をバイデン大統領は、午前中に宮中を訪問して、岸田総理との首脳会談を行い、午後は拉致被害者家族との面会に当てたのです。アメリカの国益にもかかわる問題として、バイデン大統領は拉致問題を認識しているのです。

阿比留　やはり、そのときのリーダーが何を重視しているのかというメッセージを打ち出すことは、非常に重要です。安倍さんはよく「国家意思を示すことが大事だ」とも言っていました。中国の習近平国家主席と会談した際には尖閣諸島をめぐって「日本の覚悟を見誤らないようにした方がいい」「私の島に手を出してはいけない」と釘を刺したように。

内閣官房副長官補室と歴史担当首相補佐官

西岡　岸田政権は基本的に安倍政権、菅政権の路線を引き継いでいると思います。

二〇二二（令和四）年九月二七日に行われた安倍元総理の「国葬儀」で、岸田総理はこう述べていますね。

〈なによりも、北朝鮮が日本国民を連れ去った拉致事件について、あなたは、まだ議会に席を得るはるか前から強い憤りをもち、並々ならぬ正義感をもって、関心を深めておられた姿を、私は知っています。

被害者の方々をついに連れ戻すことができなかったことは、さぞかし無念であったでしょう。私はあなたの遺志を継ぎ、一日千秋の思いで待つご家族のもとに、拉致被害者が帰ってくることができるよう全力を尽くす所存です〉（産経新聞、二〇二二年九月二八日）

岸田総理は安倍元総理のやり残した仕事を自分がやるのだという意思を示しています。

阿比留　岸田総理は周囲に盛んに、「安倍元総理のやり残した仕事を片づけるのが私の使命だ」と言っているようです。周辺の人たちは安倍元総理に対する岸田氏のリスペクトだろうと言っています。

ただ、いわゆる「歴史戦」では、安倍さんが存命中に佐渡金山問題が起きたとき、岸田総理は少しブレを見せましたね。

二〇二一（令和三）年一二月二八日、文化庁の文化審議会が「佐渡島の金山」を国連教育科学文化機関（ユネスコ）の世界遺産登録推薦候補として選定しました。通常は答申が出れば、粛々と申請するのですが、韓国から強い反対が予想されると慎重論が広がり、岸田政権は申請を躊躇したのです。

西岡　実はこれは外政担当の「内閣官房副長官補室」（副長官補室）と「歴史担当の首相補佐官」の問題が大きいと思います。内閣官房長官の下には副長官がいて、その下に各省庁の次官クラスの副長官補三人が配置されますが、そのうち一人は外務省からの出向者で、副長官補室はそこに設置されます。副長官補室が、第二次安倍政権下で「他国との摩擦など省庁横断の案件」として歴史問題を担当することになったわけです。

つまり、安倍さんが「歴史戦」について政府の中で専門で取り組む部署を作ったのです。

歴史戦が副長官補室の仕事になったことは、副長官補を務めた元外務官僚の兼原信克さん（現・同志社大学特別客員教授）が著書の中で、次のように明確に述べています。

〈外政担当副長官補の仕事になった歴史戦については、教科書を担当する文部科学省、旧軍兵士の遺骨問題を担当している厚生労働省、中国や韓国の歴史戦に関するプロパガンダに対処している外務省と複数の官庁がからむので、外政担当の副長官補室チームで取りまとめの調整を行っている〉（兼原信克『安全保障戦略』日本経済新聞出版）

そして、第二次安倍政権の発足当初から、政治の立場から首相補佐官として歴史問題を担当したのは衛藤晟一さんでした。衛藤さんが令和元年に入閣した後は木原稔さんが補佐官となり、菅政権下でもそれをそのまま引き継ぎました。ところが令和三年一〇月に岸田政権が発足すると、歴史担当補佐官のポストが空席となったのです。歴史担当補佐官は安倍政権時代に設置されたので、岸田政権で継続されるかは不透明となったのです。

この状況に不安を感じた私は、同年秋に国家基本問題研究所が発表した政策提言を持参し、高市早苗政調会長室を訪れました。その政策提言「歴史認識に関する国際広報体制を強化せよ」はこのようなものです。

〈1　首相官邸の副長官補室で展開してきた「事実関係に踏み込んだ体系的歴史認識の国

際広報」を継続強化せよ。

2　歴史広報における官民協力体制を一層強化発展させせよ。

3　中国にも反論せよ。「戦前の日本はジェノサイドや人道に対する罪は犯していない」という事実を歴史広報の柱にせよ。

4　韓国の労働者、慰安婦賠償要求は国際法違反だ。一切譲歩せず、歴史的事実に踏み込んだ国際広報を強化せよ。〉（令和三年一一月二九日、公益財団法人 国家基本問題研究所、歴史問題国際広報研究会）

ちょうど木原稔さんが政調会長室の事務局長で、「歴史戦」をよくご存じだったので、高市さんと一緒に政策提言を受け取ってくれました。その後、佐渡金山問題が発生したわけですが、衆院予算委員会（令和四年一月二四日）での高市早苗氏の質問の中には「首相官邸の副長官補室で展開してきた『事実関係に踏み込んだ体系的歴史認識の国際広報』を継続強化せよ」という国基研提言がそのまま反映されたのです。

〈第二次安倍内閣では、安倍総理の指示で、内閣官房副長官補室による国際社会に向けた歴史広報が始まり、菅内閣もこれを引き継がれました。韓国や中国とのいわゆる歴史戦に係る摩擦対処は、本来は外務省の仕事ですが、外務省には相手との協調を大切にする役割もございます。摩擦対処の役割を副長官補室に移したことによって、外務省としては、主張すべきことは主張しながら、よい関係を築く外交がしやすくなったということも安倍内閣当時報じられておりました。事実関係に踏み込んだ体系的歴史認識の国際広報を継続、強化することは、日本の名誉と国益を守る上で必要だと考えます。岸田内閣でも内閣官房副長官補室は歴史認識の国際広報を担っておられるのか、総理に伺います〉

この質問に対して岸田総理は、次のように明言しました。

〈歴史認識に係る問題については、私の内閣においても重視をしております。政府としては、国際社会において、客観的事実に基づく正しい歴史認識が形成され、我が国の基本的立場やこれまでの取組に対して正当な評価を受けることを強く求め、いわれなき中傷には毅然と対応してまいります。そして、御質問に対するお答えですが、私の内閣においても、歴史認識に係る問題について、安倍内閣以来の体制を引き継いでおり、内閣官房副長官補室を中心に、政府全体で、国際広報を含め、歴史問題にしっかり取り組んでいきたいと考えております〉

その後、副長官補室を中心に、佐渡金山問題に関する日本側の反論が準備されました。私たちも民間の立場から協力しました。書類の不備が指摘され、推薦書提出は一年延期され、今年（二〇二三年）一月に推薦書が再提出されたというわけです。

安倍元総理の死で変わった

阿比留　岸田総理の歴史問題への取り組み方は、安倍元総理が亡くなる前と後で変わりましたね。岸田総理は一度、佐渡金山の登録申請を先送りする方向に傾いていました。この時期は日韓関係が微妙だったため、申請を見合わせるべきだという意見が強かったからだと思われます。しかし、その後、安倍元総理が岸田総理に直談判して、「こういうことはさっさとやらなければダメだ」という趣旨のことを伝え、尻を叩いたのです。

安倍元総理は、岸田総理と会った後に私に「役人の話ばかり聞いていてはダメだ。役人はそれができない理由をいくつでも並べてくる。だが、こちらからこれをやれ、と言ったら、役人はそれをやるためのことを考える」と言っていました。

岸田総理に直接、そのように言ったわけではないと思われますが、安倍元総理が亡くなったとき、岸田総理は「後は全部自分でやらなければいけない」という思いを強くしたのだと思われます。それまでは自分で何か動いたり仕掛けたりしなくても、安倍さんが高めの目標を提唱してくれるので、そことの間で落としどころを見つければよかった。しかし、安倍さんがいなくなった以上、全部が岸田総理の肩にのしかかってくる。安倍さんは岸田さんについて「自分で率先して旗を振るタイプではない」と言っていましたが、現在では変わったという印象があります。

岸田総理は私も参列した安倍元総理の国葬儀の弔辞で、教育基本法の改正や防衛庁の省昇格、国民投票法の制定など第一次安倍内閣の実績を踏まえて、次のように「戦後レジームからの脱却」に言及しましたよね。

〈戦後最も若い総理大臣が発した国民へのメッセージは、シンプルで明快でした。戦後レジームからの脱却──。防衛庁を、独自の予算編成ができる防衛省に昇格させ、国民投票法を制定して、憲法改正に向けた、大きな橋を架けられました。

教育基本法を約六〇年ぶりに改めて、新しい日本のアイデンティティーの種をまきました。

インドの国会に立ったあなたは、「二つの海の交わり」を説いて、「インド太平洋」という概念を初めて打ち出しました。

これらはすべて、今日につらなる礎です〉

これは大きな意味があります。安倍政権の路線を評価するということは、その路線を継承するということを意味するからです。岸田政権は税や財政に関しては安倍政権と路線は違いますが、外交・安全保障の考え方は同じです。歴史認識でも、その方向性は大きく違っていないと思います。何より、左派マスコミや文化人が一番嫌った「戦後レジームからの脱却」という言葉を用いたことに、腹を決めたのだなという印象を受けました。国葬儀の弔辞では、山県有朋が盟友、伊藤博文の死を悼んで詠んだ哀傷歌「かたりあひて　尽しし人は　先立ちぬ　今より後の世をいかにせむ」を引用した菅前総理の言葉が感動を生みましたが、実は岸田総理の弔辞も非常によかった。

西岡　私も国葬儀の現場で岸田総理の弔辞を聞いて感動していました。最初に安倍政権が長期政権であることに言及するのかと思っていたら、驚いたことに岸田総理は安倍元総理が取り組んだ政策の中身を評価し、「戦後レジームからの脱却」に言及しましたね。

残念なのは、その後の補佐官の人事です。二〇二一（令和三）年一二月に、岸田総理と同郷の寺田稔安保・核軍縮担当補佐官が歴史問題も担当することになりましたが、翌二二年八月に総務大臣に就任したため補佐官を離れたのです。そこで、安保担当補佐官だった岸信夫前防衛大臣が歴史問題も担当することになり、大変いい人事だと喜んでいたのですが、岸さんは今年（二〇二三年）二月に病気のため議員を辞職しました。日韓の間で徴用工問題や佐渡金山問題が残っているときに、歴史担当の補佐官が空席となってしまったのです。

阿比留　問題なのは、岸田総理周辺に歴史認識問題などの保守的な活動をやってきた人材がほとんどいないことです。歴史問題に詳しい人もちょっと見当たらない。安倍さんは「宏池会政権の限界だね」という言い方をしていました。

いつも言っているのですが、岸田総理にお願いしたいのは、宏池会や広島出身にこだわるのはやめてくださいということなのですよ。歴史担当の補佐官に相応しければ、宏池会以外の人を起用しても構わないと思いますが、岸田総理は宏池会以外の人については、あまり詳しく知らないのでしょうね。

西岡　補佐官は自分の腹心で、政権と命運を共にする重要なポジションです。岸田総理は、自分の派閥からどうしても選びたいと考えているのですかね。

阿比留　岸田総理は二〇一五（平成二七）年に、慰安婦問題で「最終的かつ不可逆的な解決」を確認した日韓合意を結んだときの外務大臣でした。自分自身が交渉の当事者で交渉の経緯が分かっていますから、決して韓国に甘いわけではありません。

西岡　岸田政権は戦時労働者問題における対韓外交で安倍、菅政権の路線の上に立って、毅然たる姿勢を貫きました。二〇一八（平成三〇）年の韓国最高裁判決は国際法違反で認められないから解決策は交渉の対象ではなく韓国が独自に準備すべき、日本の政府と企業が元労働者におカネを出すことはしない、新たな謝罪は拒否するという原則を貫いた。そして、最後に韓国側が求めた過去の謝罪の継承表明についても、謝罪という言葉を使わず歴史認識という言葉を使って、「歴史認識に関する歴代内閣の立場を全体として引き継いでいることを確認した」と表明し、第二次安倍政権以降の歴史的事実に基づく反論をも継承していることを発信しました。

レールに乗ればうまくいく

阿比留　安倍さんが亡くなった後も、対米外交は安倍さんの敷いた路線が踏襲されています。もし安倍さんのときと違いがあるとすれば、岸田総理が親中派の林芳正さんを外務大臣に任命したため、アメリカに警戒されたことです。そのため岸田総理は当初、ホワイトハウスに行くことができませんでした。安倍さんは「岸田さんも、林さんが米国に距離を置かれていることは理解している」とは言っていましたが……。

しかし、今年（二〇二三年）一月に岸田総理がワシントンを訪問したときは、バイデン大統領に大歓迎されましたね。それは、菅前総理の時代に敷かれたレールの中で、防衛費をGDP比二％にすると閣議決定したからです。アメリカとしては最初、岸田総理はどういう人かよく分からず、じっと観察していました。ところが防衛費二％の決定を見て「思ったよりやるじゃないか」という評価に変わった。大歓迎の意味はそこにあったわけです。

岸田総理には外交・安全保障問題にしろ拉致問題にしろ、いろいろなレールがすでに敷かれています。それに乗っておけばうまくいくようになっているのです。

西岡　昨年（二〇二二年）一二月一六日、岸田政権は国家安全保障戦略などの「安保三文書」を閣議決定しました。防衛費を増額する路線は、二一年四月に菅総理が訪米して、バイデン大統領と対面で初めて会談したときに、すでに大枠は決まっていたものですからね。

あのときアメリカ側はどうしても菅さんに、「台湾海峡の安全」という言葉を言わせたいと考えていて、共同声明に「台湾海峡の平和と安定の重要性」が盛り込まれました。共同声明で台湾に言及したのは佐藤栄作首相とニクソン米大統領の一九六九年の会談以来でした。この声明によって、台湾で有事が起きた場合は日本の有事とみなして、自衛隊が米軍と一緒に行動することになります。

現在の自衛隊の規模では中国に対抗するには力不足ですから、日米共同で対処する必要があります。しかし心配なのは、バイデン政権は放っておくと、紛争の正面から引いてしまう恐れがあるということです。バイデン政権は同盟関係を重視していますが、民主党内の左派勢力は防衛費を削減し、福祉に振り向けるように主張していますから。

岸田政権に求められるのは、アメリカが自由世界を守るリーダーとしての役割を果たし続けるよう、アメリカを引っ張っていくことです。安倍総理が重視したのは、日本がアメリカに対して応分の負担を果たすことで、アメリカが世界の中で対外的な責任を果たし続けることを後押しすることでした。日本にとって最も重要なことは、アメリカがその責任を果たし続けることです。そのためには、日本も防衛費などで応分の負担をしなければ、アメリカを説得できません。

冷戦時代のソ連との戦いでは、日本はアメリカに基地を提供したり自衛隊が対潜哨戒機を出したりするだけで、アメリカのプラスになりました。しかし今、中国という第一の敵と日本が正面で対峙する中で、アメリカは後ろのほうに引いています。最悪の場合、太平洋をアメリカと中国で半分に分けることになっても、アメリカの国益には致命的な打撃を与えませんが、日本にとっては致命的です。アメリカが退いてしまえば、日本は国家として存続することができなくなる可能性があるのです。

阿比留　中国がアメリカと全面戦争をするのは想定しにくいとしても、日本を攻撃することは十分に想定できます。台湾に侵攻する際には、台湾防衛のためだとして台湾の東側に位置する先島諸島も占領しようとするでしょう。沖縄本島の米軍基地を狙う可能性も高い。中国の今の動向は、日本にとって最大の危機です。

安倍総理が安全保障関連法を作り、集団的自衛権の行使を可能にしたのは、アメリカをアジアに引き止めるために、日本がやれることはすべてやろうという考えからです。ただ、その後の世界情勢をみると中国の軍拡だけでなく、北朝鮮の核・ミサイル開発と実戦配備も想定以上に進んでいます。そこで安倍さんはロシアによるウクライナ侵略開始直後に、米国の核を日本の領域内に配置して共有する核共有を提唱したのですが、日本の歩みはやはり遅々としています。

西岡　問題なのはその速度ですね。国際情勢のほうが速く展開しているため、もし台湾有事が五年以内に起きてしまったら、防衛費二％が間に合わないかもしれません。日本としてはやれることをやるしか仕方がないのですが、危機は目の前に来ています。

阿比留　安倍さんが亡くなって以降、政権を誰が担えば大丈夫なのか。比較対象として河野太郎氏や茂木敏充氏、林芳正氏らが挙げられますが、みんな親中派とみられています。その意味では、むしろ岸田総理のほうが適任かもしれません。また、もし立憲民主党などが政権を握ってしまったらそれこそ中国と手を結びかねません。

西岡　もう安倍さんはいないのだから、岸田総理にやってもらう以外に選択肢はないということですかね。

阿比留　安倍さんが存命だった頃に外務省幹部は、このままだと次のアメリカ大統領選挙でトランプ氏が再登板するかもしれない、そうなるともう一回、安倍さんが総理になる可能性があると半分、本気で考えていました。トランプ氏は二〇一七（平成二九）年の日米首脳会談で「シンゾーだから日米関係はいいんだ。シンゾーだから、私は日本のためにやる。もし（日本の首相が）シンゾーじゃなければ、私は（他国と自由に契約を結ぶ）フリーエージェントになるんだ」と言っていましたからね。あるいは、台湾有事などの際にも安倍待望論が高まるかもしれないと言われていましたが、その安倍さんはもういません。

拉致問題の核・ミサイルからの切り離し

西岡　北朝鮮の金正恩委員長もトランプ再登板を待っています。

阿比留　北朝鮮はトランプ氏とディール（取引）したいのでしょうね。飢餓が深刻化する中で、国内でクーデターが起きかねないという、まさにヤバい状況になったときに、金正恩委員長は拉致問題で決断をするかもしれません。北朝鮮に支援できる国は日本しかありませんから。安倍さんはトランプ氏にも「日本が北朝鮮と過去の清算をするということは、相当の資金援助をするということだ。日韓国交正常化の時もそうだが、北朝鮮との国交正常化とはそういうことだ。それが彼らにとって最大のインセンティブだ」と話していました。その時はトランプ氏は黙ってきいていたそうですが、米朝首脳会談では金委員長にきちんと伝えています。

西岡　北朝鮮は新型コロナウイルスの影響で中朝貿易が遮断されてから三年以上が経過し、今では大都市でも餓死者が出るような深刻な人道的危機に陥っている。北朝鮮にとって外部からの支援は体制維持のために必要不可欠になってきました。

先ほども述べたように安倍さんは「核とミサイルと拉致の包括的解決と言っているのは、国際社会の支持を得るためだ。もちろん機会があれば拉致のために交渉する」と私たちに説明しました。岸田総理はそのことを承知していて、昨年（二〇二二年）一〇月から餌を撒き始めています。安倍政権も菅政権も言わなかったのですが、拉致問題と核ミサイル問題を事実上、切り離して、拉致問題が解決して被害者が全員返ってくれば、人道支援を行うというメッセージを発信しています。

昨年一〇月に「家族会」「救う会」「拉致議連」などが主催した「全拉致被害者の即時一括帰国を求める国民大集会」でのあいさつで、岸田総理は「日朝平壌宣言に基づき、拉致、核、ミサイルといった諸懸案を包括的に解決し、不幸な過去を清算して、日朝国交正常化の実現を目指しますが、とりわけ、拉致被害者御家族も御高齢となる中で、拉致問題は時間的制約のある人権問題です。全ての拉致被害者の方の一日も早い御帰国を実現すべく、全力で果断に取り組んでまいります」と述べました。櫻井よしこさんがある雑誌の対談で「核・ミサイルと拉致を切り離すのですね」と質問したら、「別次元の問題です」と答えています。こういう言い方を総理がするのは初めてです。

政府が事実上の切り離しを言い始めたのは、北朝鮮の経済状況が本当に苦しくなってからです。核問題が未解決である以上、国交正常化することはできないし、大規模な政府開発援助（ＯＤＡ）の提供もできません。国連制裁も科せられています。しかし、人道支援は国連制裁の対象外です。そして、北朝鮮が今、深刻な経済的苦境にある中、人道支援はますます魅力的なものになっています。

これまで日本は「核、ミサイル、拉致の一括解決」だったけれども、現在は「拉致問題は時間的制約のある人道問題であり、人道対人道で解決する必要がある」というメッセージを繰り返し述べている。この考え方は「安保三文書」にも明記されています。「家族会」「救う会」も今年（二〇二三年）二月に「親の世代の家族が存命のうちに全拉致被害者の一括帰国が実現するなら、我が国が北朝鮮に人道支援することに反対しない」という新運動方針を決めました。

このメッセージによって北朝鮮は、国交正常化をした後でなければ日本は支援をしないというわけではないのだなと考えるでしょう。日本は北朝鮮の苦境を理解した上で、人道対人道で拉致問題を解決しましょうと、意図的にやっているのです。

安倍総理や菅総理は、アメリカにとっても拉致問題が重要であることを納得させています。人道対人道で支援を行うことにアメリカから一定の理解を得て、アメリカがそれで日本を非難できないようなレールはすでに敷かれています。その上で岸田政権が満を持して今、北朝鮮にアプローチしているのです。

今年五月初め、「家族会」「救う会」「拉致議連」の訪米が四年ぶりに行われ、私も「救う会」会長として参加しました。「親世代の家族が存命のうちに全拉致被害者の一括帰国が実現するなら、我が国が北朝鮮に人道支援を行うことに反対しない」とする家族会と救う会の新運動方針への理解と支援を求めるのが訪米の主目的でした。

政府では、国家安全保障会議（ＮＳＣ）のキャンベル・インド太平洋調整官、国務省のシャーマン副長官、北朝鮮担当の国務次官補、人権担当の国務次官補代理、財務省のネルソン次官らが、新運動方針の説明に耳を傾け、理解を示してくれました。シャーマン副長官は拉致被害者救出運動のシンボル「ブルーリボンバッジ」を着けて訪米団との面会に臨み、「できることは全て行って支援する」と語りました。

議会では、いずれも共和党のサリバン上院議員、クルーズ上院議員、ハガティ上院議員（前駐日大使）、ブション下院議員らがやはり理解と支援を表明してくれました。

阿比留　アメリカはオバマ政権まで、建前では人道問題でもあるので「拉致問題も重視する」と言いつつも、本音は「北朝鮮の核、ミサイルを解決する上で拉致という夾雑物が混ざると話がややこしくなるから、むしろ邪魔だ」と思っていました。しかし安倍さんがトランプ大統領に、横田めぐみさんの話や、拉致問題の解決がいかに日本と自分にとって大事であるかを繰り返して訴えたことで、アメリカは方針を変えました。北朝鮮の核、ミサイルを解決するプロセスの中に拉致問題も入ったのです。それがバイデン政権になってどう変わるのかと心配していたら、そのまま継続されています。このチャンスを岸田総理はうまく生かしてほしいと思います。

安倍さんが敷いて、菅さんが走ってきたレールを、岸田総理が受け継いでいます。本当は長年取り組んできた安倍さんの時代に解決してほしかったですが、仕方ありません。拉致問題の成果を収穫するのは岸田総理でいいのです。一刻も早く解決してほしいと願っています。

第二章　平気で嘘をつくＮＨＫ

田中均氏とNHKの嘘

西岡　NHKの『クローズアップ現代』が、二〇二二（令和四）年九月、「元外交官が語る北朝鮮との秘密交渉　その舞台裏」という番組を放映しました。小泉純一郎総理が訪朝して金正日《キム・ジョンイル》総書記と行った日朝首脳会談から二〇年だからということです。そこに当時の日本の交渉担当者だった田中均元外務審議官が登場して、交渉の舞台裏を明かしたわけです。この番組への感想をひと言で言うと、田中さんは恥を知れということです。安倍さんが亡くなったため、平気でこんな嘘をついているなと強く思いました。

阿比留　NHKで田中さんはこう証言しているのですよね。

〈当時、国際社会から孤立し、経済的に苦しい状況にあった北朝鮮。交渉の当初から、過去の清算として日本から資金を得ることにこだわり続けた。

これに対し田中は、拉致問題や核・ミサイル問題、国交正常化、その後の経済協力などをパッケージにして包括的に解決し、朝鮮半島に「大きな平和」を作ろうと呼びかけ続けたという。

「だけど拉致の問題をクリアしないと、先には行けない。日本からの資金の提供というのも、拉致とか核の問題を解決しないで、進むことはできませんと。だから、その〝大きな道筋〟を作りたいんだと。これはもう全部パッケージなんだという話を交渉の間ずっとしていました」〉（ＮＨＫ『クローズアップ現代』「日朝首脳会談20年　元外交官が語る北朝鮮との秘密交渉 その舞台裏」取材ノート、二〇二二年九月一四日）

西岡　つまり、田中さんは「拉致問題を核と国交正常化とパッケージでやっていた」というようなことを言っていますが、彼にとって拉致問題はそのような位置づけではありませんでした。国交正常化が第一の目的であって、拉致問題の解決は世論を一定程度、なだめるためのものでしかなかったのです。

それが一番よく分かるのが、二〇〇二（平成一四）年九月一七日の小泉訪朝で、田中さんが何をしたのかということです。少し長くなりますが説明します。

その日朝、平壌に代表団が到着して、首脳会談が始まる前に、北朝鮮外務省の馬哲洙《マ・チョルス》・アジア局長が田中さんのところに紙を持ってきました。「これが、朝鮮赤十字会が調査した結果です」と言って渡された紙には、「横田めぐみ以下八人は死亡」と記され、五人の生存者の名前が書いてありました。つまり、その日の朝に、すでに田中さんは情報を知っていたわけです。ところが、それを拉致被害者家族会に伝えたのは、夕方になってからでした。

一方で日本では、その日の昼過ぎ、官邸にいた福田康夫官房長官から国会議員会館に詰めていた家族会に「外務省の飯倉公館に移動してほしい。平壌に暗号による電話がかけられる」と連絡がありました。家族会の人たちは国会議員会館で一時間に一回、記者会見をしながら平壌の結果を待っていたところだったのです。私もその横に詰めていました。

実は前日にもそういう提案が官邸からあったのですが、「結果が分かったら国会議員会館に持ってきてください。国民と一緒に待っているのだから、すぐにそこで記者会見します」と一度断わったのです。しかし今回は「拉致被害者の何人かだけの結果ではなくて、全員についての結果が出ました」と言われて、急いで飯倉公館に移動しました。

飯倉公館に着くと、「重要な問題なので、現在、確認作業をしています。ここで待ってください」と言われました。かなりの間、待たされ、日朝首脳の平壌宣言の調印が終わった頃になって、横田滋さんと早紀江さんが別室に呼ばれました。そして、「お宅の娘さんは亡くなっています」と断定形で植竹繁雄外務副大臣から伝えられたのです。そして「めぐみさんには子供さんがいます」とも言われました。横田さんたちは「死因は何ですか、いつ亡くなったのですか」と訊ねたのですが、「分かりません」としか言わなかったそうです。ただ「亡くなっています」という言葉だけは断定形でした。

その後、福田官房長官が公館に到着して、植竹副大臣と手分けして、それぞれの家族に有本恵子さん、市川修一さん、増元るみ子さんたちも亡くなっていることを断定形で伝えました。飯倉公館ではテレビがつけっぱなしになっていて、横田さんが呼ばれたときには、すでに「八人死亡、五人生存」とテロップが流れていました。それもすべて断定形なのです。

その日の夜、テレビには国際政治学者たちが出演して、家族を「遺族」と呼び、「何人かは亡くなったけれども、日朝国交の重い扉が開かれた」と話していました。

横田さんたちもテレビに出ることになっていましたが、マスコミ担当だった私が全部キャンセルしました。めぐみさんたちが亡くなったことが事実ならば、もう世論に訴える必要はないからです。共同記者会見だけを行いました。

私は眠れない夜を過ごしました。有本明弘さんは、福田官房長官に恵子さんの死亡を知らされたとき、「殺されたんやないか！」とその場で怒鳴ったそうです。有本恵子さんは、スペインで消息を絶った石岡亨さんが札幌市の実家に宛てた手紙で、石岡さんらと北朝鮮で暮らしていることが判明しましたが、その手紙を公開したことで、恵子さんが北朝鮮に殺されたのかもしれないと思ったからです。

私たちが家族会、救う会の運動を始めたのが一九九七（平成九）年です。死亡とされためぐみさんや恵子さんたち八人の死亡日がその後だったら、われわれが運動をしたために殺されてしまったのか、と考えました。そして北朝鮮が拉致したということが分かっていながら、何ら手を打って来なかった政府に対して激しい憤りが湧いてきました。北朝鮮から死亡したという紙を渡されただけで、「これが結果です」と一方的に告げるようなひどい国にわれわれは住んでいるのか。そう思うと、日本人をやめて、アメリカに亡命しようかと考えたりもしました。どうすればいいのだろうか、申し訳ないと、一睡もできませんでした。

外務省のひどすぎる対応

西岡　次の日の朝、私たちの泊まっていたビジネスホテルに安倍さん（当時・官房副長官）が訪ねて来ました。早朝に安倍さんの秘書から電話がかかってきて、「これから副長官がそちらに行きます」と伝えられました。出勤前の早い時間でした。

日本政府から示されていたのは、小泉総理からの公式の説明は一〇日後に行うということでした。でも、安倍さんは副長官として公的な説明のために来たのではなく、政治家・

安倍晋三として自ら出向いてきてくれたのです。おそらく福田官房長官の許可も取ってなかったはずです。

私たちはホテルの会議室で待っていました。安倍さんが到着すると、家族は口々に「いつ死んだのですか」「死因は何ですか」と訊ねました。しかし、安倍さんは「分かりません」「分かりません」と言うのです。私はおかしいと思い、「副長官、確認作業をしたのですか」と少し大きな声で訊ねると、安倍さんは「していません」と言いました。

政府は確認作業をしているからと、家族をずっと待たせ続けました。ところが実際には、朝に北朝鮮側から紙を渡されただけで何も確認作業をしていなかったのです。

安倍さんの説明によると、その日の昼休みに、田中さんが安倍さんのところに来て、「これから五人との面会に行きます」と伝えたそうです。生存しているとされた四人、つまり蓮池薫さん、祐木子さん夫妻、地村保志さん、富貴恵さん夫妻、もう一人は横田めぐみさんの娘のウンギョンさんです。

安倍さんは「総理が来ているのだからこちらから行くのはダメだ。彼らをここに連れてきてもらいなさい」と言うと、田中さんは「彼らは少し遠いところにいます」と答えたというのです。しかし、それは嘘で、後で蓮池さんたちに聞いたのですが、彼らは平壌市内にいたといいます。そして安倍さんが「彼らが来られないというのであれば私が行く」と言うと、「副長官に来ていただくのはちょっと困ると、本人たちが言っています」と、断りました。そんなやりとりをしている間に時間が経ってしまい、代わりに梅本和義駐英公使が確認作業に行ったのです。

蓮池さんや地村さんたちは、梅本公使に開口一番、「うちの両親は元気ですか」と訊ねたそうです。ところが、地村さんのお母さんがその年の四月に亡くなったばかりだということを、梅本公使は知りませんでした。二月に英国に赴任したからです。公使は知らなくとも、同行した人たちは知っていたはずですがちゃんとした答えもなかった。

阿比留　そんなことさえ、外務省は調べていないのですね。そこからも彼らの拉致問題軽視の姿勢がうかがえます。

西岡　調べていません。本人確認の際にも、蓮池薫さんと断定できなかったため、彼はズボンをまくり上げて、「これが自分が蓮池薫である証拠です」と交通事故の傷跡を見せたそうです。外務省はこのようなことも調査していなかったそうです。

めぐみさんの「死亡」については、蓮池さんたちも知りませんでした。確認するのは唯一、ウンギョンさんの証言しかありません。でもその前に、まずウンギョンさんが本人なのかどうか確かめる必要があります。

　ウンギョンさんはめぐみさんが拉致されたときに使っていたバドミントンのラケットを持っていて、公使に見せたそうです。それが本物かどうかは早紀江さんたちに確認してもらわなければいけません。もし貸してもらえないのであれば、写真を撮ればいいし、どこのメーカーなのか確認すればいいだけです。ところが外務省は写真さえも撮っていませんでした。つまり確認作業などしていないのです。

　北朝鮮から渡された紙に「八人死亡」と書かれていたため、日本の世論が悪化して平壌宣言に悪影響を与えることを懸念して、情報を管理したとしか思えないやり方をした人物、それが田中さんです。

　安倍さんが私たちのところに会いに来てくれたことで、梅本公使が五人と会ったことが分かりました。家族たちに梅本公使を会わせなければいけない。私たちは外務省にしつこく電話をしました。ところが、「明日ロンドンに帰るので、今、買い物に行っています」と言って、なかなか連絡が取れませんでした。親にしてみれば、いなくなった息子と最初に会った人から話を聞きたいのは当然のことです。ところが田中さんは会わせるアレンジすらしていませんでした。

こちらからの強い要求で、その日の夜にやっと梅本公使に会うことができたのですが、彼は「日本政府は蓮池薫さんたちや横田めぐみさんの娘に会ったと断定はしていません。ただそう名乗る人には会いました」「死亡の確認はしていません」としか言いませんでした。そうしたあやふやな回答なのに、なぜ「死亡しました」と断定して発表できるのでしょうか。もし安倍さんが早く私たちに会いに来てくれなかったら、家族はずっと、「遺族」とか「死亡者」と言われ続けていたはずです。

このような非人道的なやり方をした田中さんが、テレビに出てきて、「拉致問題を解決しようと思い、核、ミサイルとパッケージで交渉した」などと言うのは、まさしく偽善です。私は絶対に許すことができません。

「サスピシャス・ガイ」

阿比留　その話と前後しますが、二〇〇二年九月一七日に小泉総理は北朝鮮の金正日総書記と会った後、平壌で記者会見をしましたよね。そのとき小泉さんは非常に誇らしげで、満足そうな笑みを浮かべていました。記者会見で拉致被害者八人死亡、五人生存情報を北朝鮮が通告してきたことについて訊かれると、こう答えました。

「誠に残念な報告であり、ご家族の方々の気持ちを思うと、なんとも言いようがない。このようなことを二度と起こさないためにも日朝関係の改善を図っていく必要がある」

つまり、このような悲しいことがあったから、逆に国交正常化したいということを言っているわけです。

安倍さんはかつて産経新聞のインタビューに、こう答えています。

「政府の中の何人かの主要な高官が、『大義は日朝国交正常化であり、拉致問題はその障害にしかすぎない』と言っていた」

これは、小泉総理や福田官房長官、田中さんたちのことです。

また、北朝鮮訪問が決まった後、小泉総理は八月三〇日の夜、山崎拓幹事長、麻生太郎政調会長ら自民党幹部との会合で、こう述べています。

「拉致された人が帰ってくるような過度の期待をされては困る。あくまで交渉の糸口を探るための訪問だ」と。

さらに九月三日には外務省幹部が記者団にこう話しました。「拉致問題の解決は常識的に考えて非常に難しい。今回、安否確認が出てこなければダメと言うべきかどうか、そういう話ではないと思う」。古川貞二郎官房副長官は九月一二日の記者会見で、「拉致問題で何人か帰ってくるということではない。そういうことがあればハッピーだが、それよりまず国交正常化に対する扉を開くことに大きな意義がある」と話したのです。

安倍さんを除けば、当時の官邸幹部はみんな明らかに、拉致問題を本気で重視なんてしていなかったのです。

西岡　「日朝平壌宣言」には「拉致」という言葉が入っていないので、それは明らかです。〈双方は、国際法を遵守し、互いの安全を脅かす行動をとらないことを確認した。また、日本国民の生命と安全にかかわる懸案問題については、朝鮮民主主義人民共和国側は、日朝が不正常な関係にある中で生じたこのような遺憾な問題が今後再び生じることがないよう適切な措置をとることを確認した〉（日朝平壌宣言）

ここでは「双方」になっているのですよ。さらに、「朝鮮民主主義人民共和国側は、日朝が不正常な関係にある中で生じたこのような遺憾な問題が今後再び生じることがないよう適切な措置をとることを確認した」とある。つまりこれは、拉致問題は解決したと言っているのです。だから再発の防止を約束したのだと。

ですから、小泉総理の記者会見と、北朝鮮が言っていることとはぴったり合致します。再発の防止を約束させたのだから、これで拉致問題は解決したということです。ところが、安倍さんだけが「これはおかしい」と言って、われわれのところに来てくれたのです。

阿比留　訪朝に同行した副長官であるにもかかわらず、安倍さんが初めて平壌宣言を見せられたのは平壌に向かう飛行機の中でした。拉致問題に一番詳しい安倍さんは、ラインから外されていた。安倍さんは飛行機の中で「拉致」が入っていないことを初めて知り、「これはおかしいのではないか」と異を唱えたけれども、既にどうしようもなかったそうです。

西岡　平壌宣言調印の翌日（九月一八日）朝に安倍さんが私たちを訪ねて来たとき、「いつ死んだのですか」と家族の人たちから訊かれて「分かりません」と答えたと前に述べましたが、それも安倍さんだけ情報がなかったからです。

その翌日（九月一九日）に朝日新聞が朝刊で、北朝鮮が渡してきた紙には「死亡日」が書いてあったと報じました。その「死亡日」を田中局長は平壌での会見で隠した。家族にも伝えなかった。実は馬局長が田中局長に提供した拉致被害者の安否リストは二枚あって、二枚目に「死亡日」が記されていた。帰りの飛行機の中で、外務省の訳した紙は二枚配られたのに、安倍さんの封筒だけは二枚目が入っていなかったと聞きました。政府が知っていた死亡日を、安倍さんだけは知らされていなかった。

阿比留　それも、田中さんがやったことですよ。いかにも官僚がやりそうな手口です。

西岡　あとになって田中さんが「ちょっとミスがありました」と謝って来たと、安倍さんから聞きました。

阿比留　北朝鮮が渡してきた紙に書かれていた死亡日は、有本恵子さんと石岡亨さんが同じ日になっているというように、おかしな点がありました。田中さんは小泉さんに「非公式な情報は家族に伝えないほうがいいと思います」と進言して、了承されたそうです。ちょうど安倍さんは別室で記者説明の準備をしていたところで、またもや蚊帳の外に置かれていました。こういうことがあったため、安倍さんは米国務省が田中さんのことを「サスピシャス・ガイ（疑わしい人間）」だと言っているとわざわざ記者団に紹介していましたね。

西岡　外務省内部にも、田中さんがやっていることは本当にひどいと考えている人たちがいたので、朝日新聞の記事は外務省の中からのリークだと思います。

拉致の「ら」の字も

阿比留　訪朝後の記者会見では、高揚した小泉さんに、ＮＨＫの記者などが褒め称えるような質問をしていました。一方、横田早紀江さんをはじめとした家族会の人たちは記者会見を開いて、聴いている人たちの慟哭を誘いました。早紀江さんは「これまで長い間放置されてきた日本の若者たちの心の内を思ってください。私たちが力を合わせて闘ってきたことが、（拉致事件という）大変なことを明るみに出した。これは日本にとっても、北朝鮮にとっても大事なことです」と訴えて、大きな感動を呼んだのです。

明らかに小泉さんは日本の空気を読み違えていました。北朝鮮との国交正常化の道を開いたと評価されると思い込んでいた。

西岡　早紀江さんの悲痛な叫びを会見場で聞いていた記者たちは泣いていました。そんな光景を私は初めて見ました。

阿比留　北朝鮮から政府専用機が羽田空港に戻ってきて、安倍さんが車に乗ったあたりで、私は安倍さんに電話したのです。「小泉総理は、会談は成功だと満足げでしたが、日本の空気は違いますよ。小泉総理には厳しい視線が向けられています」と言うと、安倍さんは「わかっている。そのことを踏まえた上で私は対応する」と答えました。安倍さんしか拉致問題の深刻さを分かっていなかったのです。小泉さんはじめほかの人たちは、日朝国交正常化に向けて皆が褒めてくれると思っていました。

訪朝を終えたあと、国民から褒められると意気揚々としていたのに、国内はとてもそのような雰囲気ではなかったことを知った小泉さんはがっかりしていましたね。翌日、記者たちに「さまざまな肯定的評価や否定的評価があると思う。しかし、これでは不満だと言って、私が席を蹴って帰ってきたらどういう結果になったか」といって、落ち込んだ雰囲気でした。小泉さんは特に、テレビカメラの入らない昼のぶらさがりインタビューの際には感情をあらわにすることが多かった。

さらに一カ月ほどして、自民党外交関係合同部会が、「拉致問題の全面解決を交渉の最優先課題にせよ」と訴える要望書を持って官邸に来ました。高村正彦さんや中谷元さんたちがそのメンバーでしたが、メンバーの一人に後で聞くと小泉さんは喧嘩腰で、「自民党はなんだ、どうしてみんな俺を褒めないのだ。褒めてくれるのは共産党と社民党だけじゃないか」と怒鳴ったそうです。

訪朝することが発表された八月の終わりに、たまたま官邸で安倍さんとバッタリ行き会ったことがあります。そのとき安倍さんは絞り出すような声で、「小泉さんは拉致の『ら』の字もわかっていない」と言った。やはりそんな状況なのかとすごく印象的でした。小泉さんたちには拉致問題が被害者の人権侵害であると同時に、安全保障にも直結する国家主権の侵害であるという理解が、まるでできていませんでした。

「彼に外交を語る資格はありません」

西岡　『クローズアップ現代』では、日朝交渉の最後の二回の記録がないことについて一切触れていません。この件についても順を追って説明します。

日朝首脳会談の午前中のセッションでは、金正日総書記は拉致問題に一切、触れませんでしたが、午後のセッションで突然、拉致を認めて謝罪しました。

北朝鮮は当初、次のようなシナリオを作っていたのです。

拉致問題は赤十字レベルで扱い、赤十字が行方不明者調査をした結果、事実が判明し、首脳会談が始まる前に、日本側に調査結果の紙を渡す。平壌宣言には拉致は書き込まない。こういうものです。

一般的に首脳会談のあとには晩餐会が開かれます。しかし小泉訪朝は弁当を携えた日帰りでした。拉致問題があったために、北朝鮮とは昼食すら一緒に食べませんでした。弁当を前にして、安倍さんは小泉さんに「金正日総書記が拉致を認めて謝罪しないのなら、平壌宣言にサインしないで帰りましょう」と話しかけました。

安倍さんの言葉を北朝鮮は盗聴器で聞いていて、それが金正日に報告された。すると金正日は突然、誰にも相談なしに、午後のセッションで拉致を認めて謝罪してしまったのだそうです。当時、平壌にいて韓国に亡命した張真晟《チャン・ジンソン》という統一戦線部の元幹部が、そのときの様子を私に教えてくれました。

北朝鮮内部では将軍様に謝罪させたのはいったい誰の責任なのかということになり、外務省が矢面に立たされた。そのときのことを、北朝鮮の英国公使で韓国に亡命した太永浩《テ・ヨンホ》氏が自著の中で次のように書いています。

日朝首脳会談を事実上、取り仕切ったのは、首脳会談に陪席した外務省の姜錫柱《カン・ソクジュ》第一副大臣です。姜氏は当時、平壌にいた外交官全員を集めて、講演会を行い、こう語ったといいます。

大丈夫だ。日本の総理大臣から謝罪を取ったのは、金日成様でも取れなかったことだ、それを将軍様は取ったんだ、と。やがて日本から最低一〇〇億ドル来る。だからこの会談は成功したんだ。

この一〇〇億ドルの支援は表には出ていない話ですが、張真晟氏もその話を聞いたと書いていています。ほかにも三人ぐらいの幹部たちが一〇〇億ドルについて聞いたと言っていました。

その後、日本の外務省に秘密交渉の二回分の記録が残っていないことが判明しました。これは産経新聞のスクープで分かったのです。

阿比留　私がその記事を書いたのですが、田中さんが北朝鮮側の「ミスターＸ」と三〇回近い会談をした話をまとめたとされる資料の中で、訪朝直前に行った最重要であるはずの二回分の記録が外務省に残っていないということが取材で分かりました。

直前の二回の交渉では、北朝鮮への経済支援の問題や拉致問題対応が話し合われたのではないかと言われています。交渉記録には一〇〇億ドル、日本円でほぼ一兆円の経済支援のことが書かれていると考えられます。ところが記録は公文書であるにもかかわらず、外務省からなくなっていたのです。

当時、私が取材した人は、「拉致被害者八人死亡などの情報については、ある程度、事前に話が出ていたのではないか。そういう話もせずに、小泉総理に北朝鮮を訪問させることなどあり得ない」と言っていました。記録がなくなっているのは、残してしまえば誰かにとって都合が悪くなるからです。外務省幹部は、「北朝鮮との最終段階でどういう協議が行われていたのか、田中さんと通訳しか本当のところは分からない」と言っていましたが、これは非常に大きな謎でした。

外務省を辞めてから、「公益財団法人日本国際交流センターシニアフェロー」の肩書きになった田中さんに私は電話取材を試みました。すると田中さんは、「私は今、外務省にいる人間ではないから、ちょっと分からない。当時、私はアジア大洋州局長だったので自分で記録を書くわけではない。記録があるかないかは外務省に聞いてほしい」と、交渉の当事者なのに記録がないことに驚きもせず、とぼけて答えました。

私が記事を書いた後、別の記者が当時の外務大臣だった高村正彦さんに、外交交渉の直接のやりとりや、準備段階でどういうことをしたのか質問したのですが、「私から申し上げるつもりはありません」と言って、はぐらかされました。

産経新聞に記事が出た後、鈴木宗男さんが質問主意書で、この報道は事実か、という質問をしました。二〇〇八（平成二〇）年二月です。すると政府は「お答えすることは差し控えたい」と答弁書で返してきました。政府はごまかしたのです。だから私はもうこのまま政府はこの件は表に出さないのだろうなと思っていたのです。

ところが、二〇一三（平成二五）年六月、第二次安倍政権のときに、田中さんが毎日新聞に「日本が自己中心的な、偏狭なナショナリズムによって動く国だというレッテルを貼られかねない状況が出てきている」と安倍政権の外交姿勢を批判する文章を寄稿しました。これを読んだ安倍さんはさすがに怒って、自身のフェイスブックに「彼に外交を語る資格はありません」と書いて、ちょっと騒ぎになりました。

これを朝日新聞が取り上げて、安倍さんを批判し、民主党幹事長（当時）だった細野豪志さんも「個人攻撃だ」と非難しました。そこで安倍さんはフェイスブックに「田中局長を通し伝えられた北朝鮮の主張の多くがデタラメであった事が拉致被害者の証言等を通じ明らかになりました」「あの時田中均局長の判断が通っていたら五人の被害者や子供たちはいまだに北朝鮮に閉じ込められていた事でしょう。外交官として決定的判断ミスと言えるでしょう」「そもそも彼は交渉記録を一部残していません」と、はっきり書いたのです。

田中さんがへたなことをするから、とうとう総理に本当のことを書かれてしまったな、安倍さんの堪忍袋の緒が切れたのだなと思いました。

被害者を北に返そうとした田中均氏

西岡　あのときは現職の総理大臣が、辞めた局長を相手にフェイスブックにこういうことをはっきりと書くのかと思いましたね。

安倍総理は怒ると本当に戦う政治家になりますね（笑）。
それにしても、マスコミは防衛省の記録がなくなったり、財務省の記録がなくなったりすると大騒ぎするのに、なぜ外交文書がないことに騒がないのでしょうか。現職の総理大臣が記録がなくなったことを認めていて、産経新聞も記事に書いています。取材をすればそれが事実だと分かるはずです。

阿比留　マスコミ内には田中さんから情報をもらっていた記者もいたので、書くのは都合が悪いと思ったのか。取材力が足りなくて事実関係を知っていて証言する相手にたどりつけなかったのか。あるいは単に、産経新聞の後追いはしたくなかったのか。もし問題の重大性が分からなかったとしたら、深刻な話ですが。

西岡　田中さんは『クローズアップ現代』で、「私は、拉致被害者を日本に永住帰国させるか、あるいは北朝鮮との約束どおり、いったんは向こうに返すかという判断は、政治判断だと思っていました」と、自分は反対しなかったように述べています。しかし、これは安倍さんが生きていたら、絶対に言えない。明らかに嘘だからです。田中さんは「ミスターXとのパイプが切れますよ」と強く反対したのですよ。
当時の状況を時系列に沿って説明します。私は五人が日本に帰国するとき、拉致被害者・家族担当の中山恭子参与や安倍さんたちと相談して、どうやって日本に残すか懸命に取り組んでいました。そこで、本人たちにまず安心感を与えようと決めて、飛行機のタラップを降りてきたとき、「お帰りなさい」という横断幕を掲げることにしました。「ここがあなたたちの故郷ですよ、日本への一時訪問ではなく、母国に帰ってきたのですよ」と訴えようと思ったのです。

私は帰国した五人に記者会見をしてもらうように説得する役目でした。最初、五人は否定的だったのですが、「『お帰りなさい』という横断幕をご覧になったでしょう。『ただいま』とひと言、言ってください。それだけでいいのです」と説得して、記者会見をしてもらいました。

本人たちに安心感を与えて、日本は味方なのだ、国と一緒に北朝鮮に残る子供たちを取り戻そうという環境をつくらなければ、本人たちは日本に残ろうと決断しません。そして、日本に残ると決断したことを北朝鮮に知られないようにしないと、北朝鮮に残る子供たちに何が起きるか分かりません。状況は切羽詰まっていました。

五人が東京に滞在していた一〇月一五、一六の二日間は、本人たちは北朝鮮に帰ると言っており、家族はそれに強く反対していました。そこで、五人には故郷に帰ってもらって一人ひとり、他の人がだれもいないところで、本音を聞いたほうがいいと私や中山さんたちは考えました。

私は地村さんの故郷の福井県小浜市に一緒に行って、地村さんの家に泊めてもらいました。地村さんは二階の部屋に行って、お兄さんと二人だけで夜更けまで酒を飲んでいました。私はその隣の部屋に布団を敷いてもらいました。お父さんは一階で寝ていました。

夜中の三時頃、お兄さんがドンドンドンと隣の私の部屋の扉を叩いて私のところに来て、「西岡先生、弟の保志が、日本政府が守ってくれるなら日本に残りたいと言っています」と知らせてくれました。私は安倍さんと中山恭子さんに秘密で電話をしました。

そのとき安倍さんは、「田中均さんと福田官房長官が拉致被害者を北朝鮮に返せと言っているが、われわれは頑張っている。中山恭子さんは俺よりももっと強硬だ。犯人のところに被害者を返すことなどあり得ないと言っている」と話したことを覚えています。また、中山さんは「田中さんたちは自分に対して五人を訪問して意志確認をしろと言っているが、公開の席で彼らの意志を聞いても北にいる子供らのことを考えて、本当のことを言うはずないと拒否している」と話していました。

一〇月二四日、五人が帰国して一〇日目となり、いよいよ北朝鮮に返すかどうかを決めなくてはならないときになり、安倍さんの部屋に中山恭子さん、田中均さん、斎木昭隆さん（当時・アジア大洋州局参事官）ら担当者が集まって会議が開かれました。地村さん夫妻は「日本に残りたい」と言っていましたし、曽我ひとみさんも、あるルートを通じて「残りたい」という意思表示があったことを聞いていました。蓮池さんはぎりぎりまで迷っていました。北朝鮮に残した子供のことが心配だったからです。しかし、会議中に突然、中山さんの携帯に蓮池さんから「残りたい」と電話がありました。

田中さんは「ミスターXとのパイプが切れますよ」と言って強く反対し、残すなら本人が残りたいと言ったと公表すべきだと抵抗したと、会議参加者から聞いています。『クローズアップ現代』で「いったんは向こうに返すかという判断は、政治判断だと思っていました」と語っていますから本当にひどいなと思います。

阿比留　最後は安倍さんが、「日本の家族が返さないと言っているのを、政府が無理やり返すことはできない。日本は民主主義国家だ」と言って、田中さんの反対を押し切ったのです。そのときの様子を、谷内正太郎さん（当時・官房副長官補）が見ていて、「田中氏は顔を真っ赤にしていた。相手のミスターXの立場と今後の交渉を考えると胸中は複雑だったのだろう」というふうに話していました。田中さんがその場でどういう言い方をしたかはともかく、拉致被害者を北朝鮮に返そうとしたことは間違いありません。

学者や評論家たちはテレビで適当なことばかり言って、「拉致被害者たちは北朝鮮側に生活の根っこを持っているのだ」と話す人すらいました。当時、民主党幹事長だった岡田克也氏は、二〇〇三（平成一五）年一月のNHKの番組で、「五人を返さないと政府が決めたことは間違いだ。五人が日本にいたいと言うなら、日本人なのだから日本にとどめるのは当然だが、それを政府が決める必要はない。そのために北朝鮮が態度を硬化させてしまった」と政府を批判していました。あまりにピントが外れているし、北朝鮮がどんな国かも分かっていない。

福田康夫氏の嘘

西岡　日本が国家としての意思を示したなと思ったのは、政府が、帰国した五人の意志を聞かないで、五人を北朝鮮には戻さず、北朝鮮在住の五人の子供らの早期帰国を北朝鮮に求める方針を決定したことです。実は本人の意志を確かめていたのですが、「政府が決めた」と言うことで、本人たちを守ったのです。家族が北朝鮮に残っているのだから、本人の意志は公開しないことにしました。

そうしたら、一部の識者が「逆拉致だ」と安倍さんたちを批判した。朝日新聞も投書欄で一〇月二四日から一一月一日までになんと四回、政府決定は憲法違反だなどという投書を掲載しました。

家族や子どもが北朝鮮にいて、本人たちも会いたいと言っているのに、日本政府が「拉致した」というわけですね。

蓮池さんは怒って、「自分の意志で残ったのだ。記者会見する」と言い出して、確か中山恭子さんだったと思いますが、「いいのよ。私たちを悪者にしておけばいいのだから」と、止めたことがありました。

その年の一二月、新潟に五人が集まって、記者の目の前で金日成バッジを外し、ブルーリボンだけになりました。それまでは両方つけていたのですが、金日成バッジを外すことによって、自分たちが日本に残ったのは強制されたのではなく、自分の意志だということを示したわけです。

阿比留　二〇二二（令和四）年九月一七日に当時の官房長官だった福田康夫さん（後に首相）は共同通信のインタビューに答えて、「一時帰国の是非で政権内の意見が割れたと報じられたが、５人を北朝鮮に戻すなと私に訴えた官邸幹部は、安倍氏を含め、誰もいなかった」と述べています（共同通信「福田氏、拉致の政府内対立を否定　『安倍氏反対しなかった』」二〇二二年九月一七日）。

あれは嘘です。みんな保身と自己正当化のためにそうやって嘘をつくのです。

西岡　安倍さんがいなくなったから嘘がつけるのです。

阿比留　福田さんは二〇一二（平成二四）年九月の産経新聞のインタビューでは、五人の日本滞在期限の二週間の最後のころの状況について、このように語っていたのですよ。「急に帰すべきではないという論が、ばーっと出てきた。それで、もう今日決めるかみたいな話になったときに、僕ははっきり安倍副長官に言った。『それは帰さない方がいいかもしれないけれども、家族たちの同意を得ているのですか。話したんですか』と」

福田さんが安倍さんに「それは帰さない方がいいかもしれないけれど」と言ったということは、安倍さんが帰さないよう主張していたということになります。

つまり、本人たちが恥ずかしいと思っているかどうかは別として、自分たちのやったことを批判されているということは彼らも分かっているのです。安倍さんは当時のことを著書『美しい国へ』（文春新書、後に『新しい国へ』に改題）の中でこう書いています。

〈日朝平壌宣言にしたがって開かれる日朝国交正常化交渉の日程は、十月二十九日と決まっていた。政府が「五人を帰さない」という方針を北朝鮮に通告したのは、その五日前のことであった。

その日、ある新聞記者に「安倍さん、はじめて日本が外交の主導権を握りましたね」といわれたのを鮮明に覚えている。たしかにそのとおりだった〉

私が安倍さんにそう言ったのを記憶しています。

西岡　私も本当にそう思いました。日本が国家意思を示したと。

阿比留　物事を勘違いしているのは政治家だけではありません。マスコミもだいたいそうでした。「家族会」や「救う会」は、かわいそうな人たちが、何か運動をやっているのだという程度の位置づけだったのです。「家族会」「救う会」が長年にわたって運動を続けて、強固な塊になっているという認識などなかった。当時は多くのマスコミが福田さんのことを「秘密裡に北朝鮮との交渉を進めた外交手腕がすごい」と、褒めていました。

私は小泉訪朝前の八月、官房長官記者会見で福田さんに「そもそも日本にとって北朝鮮と国交正常化をするメリットは何なのですか」と聞いたことがあります。すると福田官房長官は説明を一切しないばかりか、「いい質問だね。はい次」と事実上、無視しました。本当に正常化のメリットを政府がどう考えているのか知りたかったのですが。

西岡　安倍さんは総理を辞めた後、「日朝国交正常化する目的は、拉致被害者を取り戻すことだ。それができないなら国交正常化をする必要なんて、まったくないじゃないか」と私に言っていました。

阿比留　ところが周囲にいる人は全然違ったのです。「国交正常化すれば政権の大きな手柄になる。今まで国交のなかった国と国交を開くというのは、沖縄返還に並ぶほどの功績だ」と思っていました。国民の意識と大きなズレがあります。

西岡　財務省では、自分の任期中に増税することが勲章になるそうですが、外務省にとってはそれが国交正常化です。日中、日ソの国交正常化をやって、最後に残っているのが日朝というわけですね。

核問題での裏切り行為

西岡　田中さんは『クローズアップ現代』で、拉致問題や核・ミサイル問題、国交正常化、その後の経済協力をパッケージでやったと言っていますが、もう一つ、核問題についても彼は裏切り行為をしています。なぜ小泉さんが訪朝したか。当時、アメリカは「テロとの戦争」で北朝鮮を「悪の枢軸」の一国として名指しし、怒りが頂点に達していた。だから北朝鮮は日米離間作戦を行ったのですよ。

阿比留　『クローズアップ現代』の中で田中さんは、来日した当時のブッシュ政権の幹部に対して、北朝鮮との交渉について「極秘のブリーフィング」を行ったとしてこう述べています。出席者は、アーミテージ国務副長官、ケリー国務次官補、国家安全保障会議のマイケル・グリーン日本担当部長、ベーカー駐日大使だという。

〈「日朝平壌宣言のドラフト（草案）も含めて全て話をした。彼らはじっと聞いていました。物音ひとつせず、じーっと聞いていた。日本がアメリカから驚くような内容のブリーフを受けることはあることなんですが、その逆はあんまりないんです」

「話し終わると、アーミテージがすくっと立ち上がって、『俺に任せろ』と。『自分は今からアメリカ大使館に戻って暗号電話でパウエル（国務長官）に直接話をする』と。『ついては、その次の日、小泉総理からブッシュ大統領に電話をしろ』と言ってくれた」〉（『クローズアップ現代』「日朝首脳会談20年　元外交官が語る北朝鮮との秘密交渉　その舞台裏」取材ノート、二〇二二年九月一四日）

西岡　つまり「アメリカにはちゃんと説明した」とまるでアメリカからは同意を得ていたかのように述べていましたが、そんなことにはなっていませんでしたね。当時の状況を見るとわかります。

二〇〇一年九月一一日に同時多発テロが起き、一〇月に米軍はアフガニスタンにあったイスラムテロ組織アルカイダの基地を攻撃。一一月に首都カブールが陥落し、アルカイダを匿っていたタリバン政権が崩壊しました。

翌年一月にブッシュ大統領が北朝鮮、イラン、イラクを「悪の枢軸」と呼んだ有名な演説をしてその三カ国から核や毒ガスなど大量破壊兵器を取り上げることを「テロとの戦争」のターゲットだと宣言しました。テロは犯罪ですから、本来は米連邦捜査局（FBI）が捜査に入ります。ところがブッシュ大統領は軍を出した。相手は国家ではないのに、民間組織に対して軍を出すのが「テロとの戦争」です。

演説でブッシュ大統領は、世界の国の中でどの国が悪いのかではなく、「テロとの戦争」のターゲットについて語りました。戦争の目的は二つあり、一つはテロリストとその基地に対して正義の審判を下すこと。二つ目はテロ支援国家が大量破壊兵器を保有し、アメリカやアメリカの同盟国を脅かしたり、テロリストに渡したりするのを防ぐことです。そのターゲットとなるのが「悪の枢軸」であると述べて、北朝鮮とイラクとイランを名指ししたのです。戦争によって彼らが大量破壊兵器を持てないようにする、と。

その頃、金正日はひそかに核開発を進めていた。アーミテージ米国務副長官はその情報を持って小泉訪朝の直前に、東京に来たわけです。北朝鮮はパキスタンから濃縮ウラニウム技術を得る代わりに、パキスタンにノドンミサイルを渡していたのです。

北朝鮮は一九九四年、アメリカから毎年五〇万トンの重油を供与されることと引き換えに、核開発凍結を宣言しました。だからプルトニウム型の核は原子炉が必要ですが、それが止められた。しかし、遠心分離機を回し続けると、濃縮ウラニウムが作れます。北朝鮮は密かに濃縮技術をパキスタンからもらって、核開発を続けていたのです。その証拠をアメリカはパキスタンから入手した。当時、国務次官だったボルトン氏らがパキスタンに行って、パキスタンの核開発を主導するカーン博士と会い、その話を聞いたのです。

テロとの戦争で怒りが頂点に達していたアメリカに北朝鮮は嘘をついていた。アメリカから支援をもらいながら、密かにアメリカをターゲットにした核開発をしていた。その確実な情報を得たブッシュ大統領は北朝鮮を「悪の枢軸」と名指しして、攻撃する姿勢を見せた。だから、それを恐れた金正日は、日米を離間させようと小泉総理を呼んで平壌宣言に調印したのです。

小泉総理は訪朝する前に、九・一一テロの一周年でニューヨークに行き、ブッシュ大統領と会談しました。そこでブッシュは北が核開発を続けていると伝えたはずです。それなのに平壌宣言には北朝鮮に核開発の中止を求めることが書かれていないばかりか、「双方（日朝のこと・西岡補）は、朝鮮半島の核問題の包括的な解決のため、関連するすべての国際的合意を遵守することを確認した」と書かれていた。つまり、北が核凍結約束を守っていると「確認」してしまった。だからアメリカは日本が裏切ったと考えたはずです。

そもそものアメリカの考え方を体感したことがあります。

二〇〇三年三月に「家族会」「救う会」が訪米したのですが、そのとき、アメリカの待遇がものすごくよかったことに驚いたのですよ。アーミテージ国務副長官やハスタート下院議長、フリスト共和党上院院内総務、ダッシェル民主党上院院内総務ら錚々たる人たちがわれわれに会ってくれて、後にブッシュ大統領にも会うことができて、「どうしてこんなに待遇がいいのだろう」と不思議に思っていたのです。その理由は、アメリカが進める「テロとの戦い」の中で、小泉内閣が戦列を離れてテロリスト国家である北朝鮮に支援しようとした、それを止めたのが拉致家族だったからなのです。

拉致家族は「北朝鮮を制裁してくれ」と訴えていました。普通ならば、テロに遭ったら恐怖で怯えてしまうはずです。もともと「terror」というのは恐怖という意味です、恐怖心を政治的に利用する卑怯な暴力です。

ところが拉致家族は「制裁はやめてほしい」と言わないで、「制裁してくれ」と言っている。つまり「テロと戦わなければダメなのだ」という姿勢が尊敬されたのです。テロと戦うことを宣言したアメリカの思いと拉致家族の思いは共通していました。

田中氏を持ち上げるメディア

阿比留　アメリカが日本に警告していたにもかかわらず、田中さんは小泉総理に「アメリカの了承を十分得ています」と報告したと言っています。ですが、アメリカは了承などしていませんでした。

小泉総理は初訪朝した後、メキシコのロスカボスで行われたアジア太平洋経済協力会議（ＡＰＥＣ）に行きました。この外遊には私も同行取材したのですが、日米韓首脳会議のときです。日本が当事者である極東の問題なのに、小泉総理は北朝鮮の核とミサイルについて「十分懸念している」と、いわずもがなのことをわざわざ言わされました。アメリカに「ちゃんと言え」と叱られたからだと思います。

小泉総理の性格からすれば、本当に不愉快だったのでしょう。同行記者と行われる内政懇などの予定を全部すっ飛ばしてしまった。あんなに不機嫌な小泉総理は見たことがありません。周囲も腫れ物を扱うようでした。

西岡 アーミテージ副長官は、小泉総理の訪朝を聞いてすぐにワシントンに連絡したのです。日本側から訪朝して核問題をきちんとやるという説明を受けてなかったからでしょう。

阿比留 その後に、アメリカの政府高官が日本政府の真意を探ろうと来日して、外務省を通じて福田官房長官と安倍官房副長官に会いたいと伝えてきました。すると田中さんが勝手に「二人とも忙しいから私が会う」とシャットアウトしたのです。

その情報を私たちがつかんで原稿を書こうとしたら、どこで聞きつけたのか竹内行夫外務事務次官から政治部の上司に「頼むから記事にしないでくれ」と要請がありました。竹内次官は、田中さんと小泉総理、福田官房長官、古川貞二郎官房副長官の五人ぐらいしか知らなかった訪朝のインナーメンバーです。そのメーンプレーヤーである田中さんを守ろうとしたのだと思います。安倍さんも「田中さんにはまだ将来があるから」と自ら公にすることはしませんでした。そういう優しさも裏切られたかたちです。

西岡 前述した二〇〇三年のわれわれの訪米の直後に、小泉総理の訪米がありましたが、ここでも田中さんは北朝鮮の思惑通りに動いていましたよね。安倍さんが日米首脳会談に

「対話と圧力」を入れましょうと言うと、田中さんが「ミスターXと話しましたが、圧力という言葉が入ったら対話が切れてしまうと言われました」と遮ったという。彼にとっての資産はミスターXのラインです。「ミスターXとのパイプが切れる」ことを切り札にして、結果的に北の言うことを外交政策に反映させていたわけです。

自分は日本側に立っていると思わせながら、自分しかないパイプを持っていることを誇示して、思惑通りに進めようとするのが彼の強みです。「パイプが切れる」と言うと周りが困ります。「おまえだけに教える」「おまえだけにルートを作る」というのは、北朝鮮の工作パターンの常套手段です。

阿比留　その日米首脳会談では、結局、小泉総理が「平和的解決のためには『対話と圧力』が必要だ」と述べ、日米で「対話と圧力」が確認されたのですが、外務省が作成した記者団への説明資料では「圧力」の文字が削除されていました。安倍さんがこれに気づいて、記者説明では「圧力」を復活させたのです。

西岡さんがおっしゃるように、外交官にはそのような例が多いですね。チャイナスクールの外交官たちが中国に弱いのは、中国から関係を切られてしまったら、自分は情報がとれず、まったく役に立たない存在になってしまうという恐れがあるためです。だから彼らは中国の手の平で踊らされるのです。
数年前のことですが、有本恵子さんの父の明弘さんから、電話がかかってきて「メディアが田中に語らせるのが本当に悔しい」と言っていました。外交官が自分でチョンボしておいて反省もせず、安倍さんに文句を言う。田中さんは被害者と顔すら合わせようとしないと怒っていました。
田中さんがどんなやり方をしてきたのか、そのような話がもう表に出ているのに、田中さんはいまだに毎日新聞やＮＨＫなどを利用して、自分の「正しさ」を主張しようとするのです。そもそも田中さんを持ち上げるメディアは、拉致問題よりも、北朝鮮との国交正常化のほうが大事だと思っているのかもしれません。

西岡　『クローズアップ現代』のこの番組は、国際部の田中番だった記者が作ったものだと聞きました。ところが、社会部の拉致担当の記者が反対したため、冒頭に横田早紀江さんのインタビューが入ったということです。社会部の記者たちは「ひどい番組が出ますが、われわれは拉致家族と一緒に戦う姿勢は変わりありません」と言っていました。

阿比留　その記者は良心的ですね。一般的にメディアには「日本の同胞より、韓国や中国や北朝鮮のほうに同情を示したほうが立派な記者だ」というようなイメージを持っている人たちがいっぱいいます。あるいは、日本は悪者として描かないといけないとでもいうような倒錯した雰囲気があります。

二〇一三（平成二五）年七月の参院選のときに、日本記者クラブでの党首討論会の質疑応答で記者クラブ側が安倍総理による田中批判を取り上げて、安倍さんを批判しました。噛みついたというほうがいいかもしれません。

安倍さんは、小泉訪朝前の田中さんの記録が二回分残っていないと指摘して、「本人に確かめたら知らないと言われた。それは外交官として間違っている。外交官の基本を踏み外していておかしいではないかというのが私の正義感だ」と反論しました。しかし、その部分は一切、記事になっていません。おかしいですよ。

外交上の重要な会談や交渉はすべて記録に残して、外務省幹部や担当者の間で情報を共有し、一定期間を経て国民に公開するのは当たり前のことです。そうしないと情報は後任者に伝わらず、外交の継続性や積み上げてきた成果が無に帰してしまいます。どんな密約が交わされたかも分かりません。田中さんが口約束で何と言ったのか分からないわけです。

しかし、田中さんは記録を残しませんでした。破棄したのか、そもそも最後の二回分は記録を作らせなかったかは定かではありませんが。

西岡　記録はあったそうですよ。

阿比留　そうですか。では田中さんが破棄したのですね。

ひどいのは田中さんだけでなく、それを持ち上げるメディアもひどいと思います。ちなみに田中さんには昨年、取材を申し込みましたが、言を左右にして逃げられました。他社の取材は喜んで応じるが、産経新聞には突っ込まれるから話したくないというわけです。

安倍さんが日米同盟を維持

西岡　ＮＨＫには出たのに、産経新聞には出なかったということですか。

一番の問題は、次回に日朝首脳会談が行われたとき、北朝鮮は小泉総理から金銭的な約束があったと言われても、こちらがその金額を知らないとなれば、交渉にならなくなってしまうことです。「北朝鮮はあのときの約束を果たせと言っているが、いったい何を約束したのだ？」とおかしなことになってしまいます。それなのに、外務省は「約束していない」と言い続けています。

阿比留　安倍さんが官房副長官だったときは、交渉記録へのアクセス権がありませんでした。官房長官になってアクセス権を得たので、谷内外務次官に日朝交渉記録をすべて見たいから持ってくるように指示をして、初めて二回分がないことが分かったのです。田中さんが「一〇〇パーセント、クロだ」と断言する証拠はありませんが、どう考えても田中さんしか考えられません。

西岡　先に話したように、二〇〇二（平成一四）年九月に平壌にいた元高官の複数の亡命者たちは、日本から一〇〇億ドルをもらうことになっていると聞いた、と証言しています。ところが、その記録がどこにもない。すると、なくなった二回分の記録の中にそれが書かれていたとしか思えません。この先、金正恩委員長と岸田総理とが会って、相手に「小泉さんが約束したものを出してくれ」と言われたとき、「それはいくらなのですか？」とこっちから尋ねるのでしょうか。

田中さんについてもう一つ指摘します。

二〇一八（平成三〇）年六月一二日のシンガポールでの第一次米朝首脳会談の直後、六月二一日に、日朝国交正常化推進議員連盟の総会が議員会館で開かれました。四〇人ぐらいの日本の国会議員が集まりましたが、そのときの講師が、朝鮮総連の機関紙「朝鮮新報」の平壌支局長だった金志永氏と田中さんでした。

金氏は「拉致問題は解決した」と北朝鮮の公式の立場を強調しました。その後に出てきた田中さんは、拉致問題の解決のために平壌に連絡事務所を置いて、日朝合同調査委員会をつくればいいという提案をしたのです。「常識的に考えて、生きているか死んでいるか分からない人がいる。拉致問題に真剣に取り組むならば、その調査をしなければならない」と田中さんは話しました。

その年の九月に行われた自民党の総裁選挙で、石破茂さんは田中さんの案を政策公約にして、安倍さんと論争をしたのです。安倍さんは、「政府としては生きているということを前提に交渉するのは当たり前。私たちがそうでない（生きていない）と疑っているということになれば、彼らは『自分たちが言っている通りでしょう』ということになる」と強く主張しました。

田中さんが外交的にすごいことをやったのだという幻想は、石破さんにも日朝国交正常化をやりたい人たちにもあります。逆に、われわれがこうやって話していることのほうが、世の中に知られていません。

安倍さんと敵対する「アベガー」たちは、田中さんは偉いと思っている。安倍さんに近ければ「歴史修正主義者だ」「極右だ」と言われます。そのような言論空間の中で、田中さんがもてはやされているのです。しかし、もし安倍さんがいなかったら、拉致問題はどうなってしまったでしょうか。それを私は訴えたいですね。

阿比留　少なくとも日本に帰ってきた五人は北朝鮮に戻されて、それで解決となったでしょう。安倍さんがいなかったら、そもそも金正日も拉致で謝罪していません。そして、日本人の税金が一〇〇億ドルも北朝鮮に流れていました。

西岡　さらに日米関係はものすごく希薄になったでしょう。

阿比留　そして田中さん一人が、栄耀栄華をきわめるわけです。当時、小泉さんに不信感をもったアメリカは、北朝鮮の核開発をめぐる機密情報を、小泉さんのライバルと目されていた橋本龍太郎さんにわざわざ伝えたりしました。アメリカの不信感が記者にも分かるように、見せつけていましたから。

西岡　二〇〇三（平成一五）年五月の小泉訪米の際に、田中さんは先乗りでアメリカに行って、北朝鮮に圧力をかけることはやめるように訴えましたが、それを国務省はすごく不愉快に思っていたのです。安倍さんは副長官として小泉さんの訪米に同行したわけですが、キャンプ・デービッドでの夕食会で、田中さんは中に入れてもらえなかった。安倍さんは中にいて、そこでブッシュ大統領は「明日の記者会見では拉致問題を話すぞ」と、ライス補佐官に準備を命じたそうです。

ブッシュ大統領は毎朝、米中央情報局（CIA）などから情報ブリーフィングを受けます。次の朝、ブッシュ大統領は「シンゾー、来い」と安倍さんを呼んで、機密情報のブリーフィングを聞かせました。「シンゾーは信用できる。日米同盟派であり、テロリストの金正日と戦う姿勢を見せている」というわけです。安倍さんがいたから、日米同盟が維持されたのですよ。

第三章

安倍総理と拉致問題

「安倍晋三はけしからん」

西岡　安倍さんが拉致問題に取り組むようになったのは、有本恵子さんの事件がきっかけです。父の有本明弘や嘉代子さんたちは、一九九七（平成九）年に家族会ができる前から活動していました。

発端は一九八八（昭和六三）年、行方不明になっていた石岡亨さんが誰かに託してポーランドで投函された手紙が家族のもとに届き、石岡さんと有本恵子さん、松木薫さんが一緒に北朝鮮にいる内容が記載されていたことでした。

そのときは家族たちの間で意見が分かれ、石岡さんの家族は、亨さんの身に何かあってはいけないから手紙は表に出さないほうがいいという意見でした。しかし、明弘さんたちは決断して、そのコピーを持って、地元の土井たか子さんなどに相談したのです。しかし、きちんと取りあってくれず、東京に出て来て外務省や警察を訪ね、最後に安倍事務所を訪れて秘書の方に会ったのです。

阿比留　安倍さんの秘書は飯塚洋さんという方です。もともと父、安倍晋太郎さんの秘書をしていた方ですね。有本さんは議員会館に行って、応対した飯塚さんに「これまで地元の先生たちにもいろいろお願いしたのですが、何も進みません」と訴えました。これを聞いた飯塚さんは、安倍晋太郎外務大臣の秘書官だった安倍晋三さんに伝えたのです。そして飯塚さんが警察庁外事課に有本さんを連れていきました。

西岡　有本さんは「外務省や警察に行ってみたが態度が冷たかった。外務省では課長も会ってくれず、課長補佐くらいの人が廊下のベンチで話を聞くような対応でした」と話していました。

安倍さんが亡くなった後、父・安倍晋太郎さんの秘書をしていた古屋圭司さん（現衆院議員）が、「飯塚さんの話を聞いた安倍晋三さんが、これは許せない。テロだと言っていたのを、今でも覚えています」と話していました。そのときから安倍さんには「これは許せない。外交問題ではなく主権侵害だ」という意識があったのです。そのように感じる政治家は、当時は自民党の中でも本当に少なかったと思います。

阿比留　それから数年後の話ですが、小渕恵三政権のときに官房長官だった野中広務さんと、副長官だった鈴木宗男さんが記者クラブに来て、記者と軽い懇談をしました。私は、鈴木さんが「北朝鮮問題で飛び跳ねている安倍晋三はけしからんですね」と野中さんに話しかけて、野中さんがなぜかにやけながら「うんうん」と頷いているシーンをはっきりと覚えています。野中さんは北朝鮮系の関係者とつながりがあり、鈴木さんはもう何でもありです。

野中さんはもともと北朝鮮にシンパシーがあり、北朝鮮にコメを送ろうとしたときに、政調会に図って案件を通さなければならないため、わざわざ反対派の議員が集まれないような時間に会議を設定した人です。会議の日程を直前まで隠して、いきなりファックスで「明日の午後、何時から会議を開きます」と伝えた。会議には鈴木さんが、自分の息のかかった農林族議員をいっぱい連れてきて、「賛成、賛成」とワアワアやりました。鈴木さんは野中さんの下でそのように動いた人なのです。

西岡　あのときわれわれは、自民党本部の前で「皆さん、聞いてください。拉致問題は人道問題ではないのですか。なぜコメを支援するのですか」と座り込みをして反対運動をしましたよ。

阿比留　拉致には冷たい時代でしたね。北朝鮮へのコメ支援に反対する被害者家族が自民党本部に行ったときに、ある幹部が警察署に「建造物侵入だ、追い出してくれ」と要請したそうです。初代内閣安全保障室長を務めた佐々淳行さんから聞きました。

西岡　しかし、当時の警察は親切でしたよ。「反対運動の座り込みはここでやってください」と同情的でした。街宣右翼が来たときには「あの人たちはあなたがたの仲間ではないですね。分かりました、取り締まります」と、われわれを守ってくれたりもしました。

野中広務さんは座り込み直後の二〇〇〇（平成一二）年三月二九日に島根県で講演して「日本国内で一生懸命吠えても横田めぐみさんは帰ってこない」と言った人です。家族の「叫び」の代わりに「吠える」という言葉を使ったのです。それを今でも覚えています。

われわれはその前日、外務省前で座り込みをしたのです。すると、外務大臣の河野洋平さんが部屋に入れてくれて、「日本は平和憲法があるから、軍隊を出して被害者を取り戻せない。だからコメを送って交渉するのです」という説明をした。私は直接、発言はできませんでしたが、「もしあなたが海岸で拉致されても、自衛隊は出ないのか。自民党は、個別的自衛権はあると言っているじゃないか、国民の半分が拉致されても日本は防衛出動をしないのか」と苦々しく思いました。

有本恵子さんの失踪事件のあと、横田めぐみさんの事件が明るみになりましたね。当時は「名前を出したら殺されるかもしれない」と反対が多数派でしたが、横田さんご夫妻も「世の中に訴えなければ理解は広がらない」と、名前を出して世の中に訴える決断をしました。横田さんたちは一九九七（平成九）年三月、「北朝鮮による拉致被害者家族連絡会」（家族会）を結成し、それを支援するためにつくったのが、「北朝鮮に拉致された日本人を救出するための全国協議会」（救う会）です。

この動きを見ていた安倍さんたちも、「これは自分たちも絶対にやらなければならない」と、同年四月に「北朝鮮拉致疑惑日本人救援議員連盟」（旧拉致議連）をつくりました。西村眞悟さんや中川昭一さんたちが動いたのですが、皆、当選期数が若く、主導権をとるほどの影響力がありませんでした。そこで、中山正暉《まさあき》さんに会長を引き受けてもらい、桜井新さんが幹事長になったのです。

結局、その年、北朝鮮へのコメ支援が決まりました。安倍さんたちは反対して、「どうしても支援を決定するのなら、家族と会ってください」と小渕総理に直談判し、家族が総理と会うことができました。そうしたことは全部、安倍さんがやってくれたのです。小渕総理も話をよく聞いてくれました。

「家族会」ができた一九九七（平成九）年三月は、橋本龍太郎さんが総理でした。官房長官が梶山静六さんで、一九八八（昭和六三）年三月には参議院予算委員会で国家公安委員長として「（行方不明者の事件は）北朝鮮による拉致の疑いが濃厚である」という答弁をしています。橋本さんも拉致のことをよく分かっていて、家族会結成一カ月後の日米首脳会談で初めて拉致問題を提起しています。梶山さんから言われたのだと思います。

朝鮮総連を締め上げた安倍氏

阿比留　その頃は朝鮮総連も政界に影響力を持っていました。社会党系議員はそもそも北朝鮮にべったりでしたが、自民党議員もかなりの人が篭絡されていましたね。マスコミも朝鮮総連がうるさいので北朝鮮のことをわざわざ「朝鮮民主主義人民共和国（北朝鮮）」と書いていました。

西岡　そうですね。拉致問題での安倍さんの功績を挙げると、朝鮮総連に対して厳格な方針を適用したことです。「先圧力・後交渉」においての圧力の部分です。

かつて朝鮮総連は、日本で治外法権的な特権を持っていました。多額のお金が北朝鮮に送られ、それが北の核開発にもつながっていたのです。日本政府はそのことは知っていました。一九九三（平成五）年から九四年にかけての第一次核危機のときに、私が所属していた現代コリア研究所が、「朝鮮総連が六〇〇億円を北朝鮮に送っている」というリポートを出しました。アメリカのＣＩＡがそれを見て、日本政府に調査を求めてきました。それで内閣情報調査室が調べてみると、一八〇〇億円から二〇〇〇億円が流れていることが判明したのです（拙著『わが体験的コリア論』参照）。

しかし、多額の献金がなぜ北朝鮮に送られていくのか明らかになっていませんでした。その謎を解くカギが、税金と朝銀信用組合にあったわけです。

一九七六（昭和五二）年、社会党の高沢寅男議員の部屋で、国税庁の幹部と朝鮮総連の幹部が会談し、五項目の合意が結ばれました。ただし国税庁は会談を認めていますが、合意があったことについては否定しています。

この合意書の第一項には、「朝鮮商工人のすべての税金問題は、朝鮮商工会と協議して解決する」と記されていました。つまり、朝鮮総連が傘下の商工人が支払う税金について、税務署と協議することで特別扱いを受け、税金が大幅に安くなるということです。朝鮮商工会の関係者たちは、「自分たちには治外法権がある」と公然と発言し、脱税で得た資金を北朝鮮に寄付するよう商工人側に要請していました。

当時は利益が出る限り脱税で資金を得ることができたのです。しかし、バブル景気の崩壊後は不動産などでの利益が減り、資金不足になりました。そこで、金正日総書記は、「朝銀信用組合に二兆円預金があるだろう。それを持ってこい」と命じました。

それで朝鮮総連は金を生み出す方法を考えたわけです。朝銀信用組合は、都道府県が認可した信用組合です。その朝銀信用組合が、朝鮮学校の土地などを担保にして、朝鮮総連系の個人やペーパーカンパニーに預金を貸し付けた。土地の所有者は民法上、別法人になっていますが、朝鮮総連の傘下にあります。

そして、お金を借りた個人やペーパーカンパニーは返済しなかったために、朝銀は破産してしまい、預金保険機構から公的資金が投入されることになりました。朝鮮総連が意図的に不良債権を作り出して倒産させた疑いが強い。

報道によると、公的資金投入にあたっては野中広務さんが「面倒をみてやれ」と発言したとされていますが、このような仕組みで、二回にわたって一兆四〇〇〇億円の公金が投入され、その一部が北朝鮮に流れたとみられています。

阿比留　小泉政権のときに、経営破綻した朝銀東京、千葉、長野、新潟、関東の信用組合の受け皿としてつくられた「ハナ信用組合」に公的資金が投入されましたね。当時、一面トップで「ハナ信組に1兆4千億円の公的資金」と独自ダネで書きました。

西岡　安倍さんはそのとき官房副長官として、この不正を正そうと努力しました。私たちは安倍さんに何回も、「拉致問題解決のためには、総連から流れる金を止めるべきだ。そうしたら北は倒れる」と訴えていましたから。

そして第一次安倍政権で、総理を本部長とし全閣僚が加わる拉致問題対策本部をつくり、二〇〇六（平成一八）年一〇月に開いた初会合で、日本政府の「拉致問題における今後の対応方針」六項目がつくられ、そこに「厳格な法執行」という言葉が入りました。

阿比留　ちなみに六項目は、（1）すべての拉致被害者の安全確保と即時帰国を要求（2）北朝鮮側の対応等を考慮しつつ、更なる制裁措置を検討（3）厳格な法執行を引き続き実施（4）情報の集約・分析と国民世論の啓発強化（5）「特定失踪者」など拉致の可能性を排除できない事案の捜査・調査推進（6）国際的な協調強化、です。

西岡　はい。その六項目に「厳格な法執行」という言葉が入ったことで、税務署の対応は厳しくなりました。朝鮮総連からの北朝鮮への送金を完全に遮断できたのです。

北朝鮮は年間一八〇〇億円から二〇〇〇億円もあった収入がゼロになり、ついに朝鮮総連本部が競売にかけられることになったのですが、彼らが力を持っているときには、考えられない話です。

整理回収機構（ＲＣＣ）が、個人・団体向けの融資の流れについて調査したところ、不良債権一八一〇億円のうち、一部の個人や団体向けとされていた融資約六二七億円（三九四件）が、「名義貸し」や「仮名」などによる総連への融資であることが判明しました。

二〇〇五年、安倍官房長官の政治的指導力の下、ＲＣＣは総連中央を相手に借金の返還を求める民事訴訟を提起した。それまでの自民党政治家と総連との不明朗な関係からすると、考えられない毅然たる対応でした。安倍氏自身、「サヨクの人だけでなく、信じられないような保守派の大物議員からも『追及はやめろ』と言われた」と述懐しました。

二〇〇七年六月にＲＣＣは勝訴しましたが、同年五月総連は緒方重威元公安調査庁長官と土屋公献元日弁連会長を登場させ、中央本部を形式的に売却しようとして失敗しました。公安調査庁は、破壊活動防止法に基づき総連の活動を監視している治安組織です。そのトップが総連側に立って暗躍するのだから、彼らの政治工作の力は侮りがたいです。それでも、総連は、登記上、中央本部の土地建物を所有しているのは合資会社、朝鮮中央会館管理会だとして差し押さえを妨害した。安倍さんのバックアップを得て、再びＲＣＣは裁判に訴え、二〇一二年最高裁で勝訴し、二〇一三年総連本部の競売を断行しましたよね。

阿比留　そうですね。でもいまだに朝鮮総連は本部ビルに入っている。

疑惑の人物を再入国禁止に

西岡　競売では最初は鹿児島県最福寺の宗教家が四五億一九〇〇万円で落札しましたが、納入期限までに資金が集まらず、二度目の競売にかけられました。このとき、モンゴルに本拠を置く「アバール・リミテッド・ライアビリティ・カンパニー」が五〇億一〇〇〇万円を提示して落札したものの、会社の実態が怪しかったため、売却許可が下りませんでした。そして、三度目の競売で香川県のマルナカホールディングスが二二億一〇〇〇万円で落札し、マルナカはその後、山形県の会社に転売しましたが、その会社が朝鮮総連系だったためか、結局、朝鮮総連はビルに居座り続けています。

二〇一七年東京地裁は総連に九一〇億円の支払いを命じる判決を下しました。二〇〇七年に六二七億円の返済を命じる判決が確定しましたが、この訴訟は確定判決から一〇年が経過し、債権の消滅時効を迎えるためＲＣＣが起こしました。二〇一六年一二月時点で約五七〇億円が未回収、遅延損害金を合わせ、九一〇億円が残っています。したがって、いつでも資産が見つかれば差し押さえることができます。「朝鮮総連を破産させればいい」と言う人もいますが、破産させてしまったら、差し押さえができなくなってチャラになってしまいます。私はそれに反対です。

朝鮮総連に関しては、「日本政府は朝鮮総連に不利な情報を隠している」と指摘された外国人登録の統計の問題もあります。

出入国在留管理庁は日本に在留している外国人の統計を発表していました。一九七〇

（昭和四五）年までは、韓国籍と朝鮮籍と区別して、統計を発表していました（七〇年、朝鮮籍二八万二八一三人、韓国籍三三万一三八九人）。しかし、その後「韓国・朝鮮」と一括りにして、合計の数字しか出さなくなったのです。その理由を入管庁は説明していません。

阿比留　一九六五（昭和四〇）年に日本と韓国が国交正常化したことによって、朝鮮籍から韓国籍に書き換える人が急増しましたね。そして、金正日総書記が拉致を認めたことで、一気に韓国籍を選ぶ人が増えた。私が平成二、三年頃に初任地の仙台市の居酒屋で飲んでいて、店の大将に「北朝鮮はとんでもない国ですね」と一言話したら、離れた場所で飲んでいた男がいきなり立ち上がって「共和国はそんな国ではない」と怒鳴ってきたことがありました。そういう北朝鮮への幻想は一気に潰えた。

西岡　そうです。そして韓国籍のほうが朝鮮籍の人数を上回るようになった頃から、入管庁は合計しか公表しなくなったのです。おそらく社会党などの左派系が圧力をかけて、出すなと言ったのだと思われます。「韓国・朝鮮」が何人としか統計を出さなくなりました。

私たちは、北朝鮮への圧力の一環として、日本国内に朝鮮籍の人がどれくらいいるか、実態を明らかにするために、入管統計の「韓国・朝鮮」の分離を求めてきたのです。

そして古屋圭司さんが拉致対策本部長時代に法務省に対して要請を行い、二〇一五（平成二七）年一二月の数字から再び別々に出すことになったのですが、蓋を開けてみると、「韓国・朝鮮」全体の合計が五〇万人弱のうち、朝鮮籍は三万三千人だったのです。二〇二一年一二月には二万六千人にまで減っています。それだけ朝鮮総連が弱体化しているということが分かりました。これも第二次安倍政権の対北政策の結果だと言えます。

先に述べたように、もはや朝鮮総連は脱税ができなくなっているし、商工法人も朝鮮総連に寄付をしなくなっています。朝鮮総連名義の預金はすべて差し押さえられ、朝鮮学校の先生や総連の職員たちの給料は遅配が起きています。制裁がかけられて万景峰号で北朝鮮にカネを持っていくこともできなくなっています。朝鮮総連に加入していても、もはやメリットはありません。

ところが日本は「いい国」なのです。在日朝鮮人に再入国許可証を出しているのです。それは日本のパスポートのような形をしていて、「この人は日本に再入国できる権利を持っています」ということを証明するものです。これがあれば、世界中、かなりの国に行くことができます。

朝鮮総連傘下にある「在日本朝鮮人科学技術協会」の技術者たちは、再入国許可証を持って、北朝鮮に行き、ミサイルや核の技術を指導していたと見られています。

そこで安倍政権は二〇一六（平成二八）年二月、独自制裁の追加を発表し、「在日外国人の核・ミサイル技術者の北朝鮮を渡航先とした再入国の禁止」を初めて加えました。北朝鮮の科学技術開発に貢献したとされる京都大学の現役の教授は、この制裁の対象になっています。今度、北朝鮮に入ったら、再入国は無効にされて日本に帰って来られなくなります。公安がそういった情報を外に漏らすのは、彼らは絶対に怪しいとにらんでいる証左です。

この制裁にも限界があって、疑惑の人物が大学をクビになるわけではありません。とはいえ核開発の技術が日本から流出し、資金も日本から渡るという、これまでの状態は正されました。それをやったのが安倍さんです。もし安倍政権が誕生していなかったら、今もズブズブ状態が続いていましたね。

阿比留　先ほど話が出ましたが、安倍さんがまさに朝銀信組の問題を追及しようとしていたときに、思いもしない保守の重鎮から、「この問題を追及するなと言われた」と話していたことがありました。いったい誰だろうと思って、いつか聞こうと考えていたのですが、今となっては分かりません。

西岡　その頃は安倍さんも中川さんも、テロに遭うかもしれないと覚悟しながら、家を出るという感じでした。

拉致議連への工作

西岡　拉致議連ができた当時、北朝鮮が拉致議連のトップに工作を仕掛けてきたことがありました。

一九九八（平成一〇）年三月、中山正暉拉致議連会長が平壌を訪問して戻って来ると、記者会見で、拉致議連を改称して行方不明者議連にする、と言い出したのです。二〇〇〇（平成一二）年には日朝友好議員連盟の会長に就任し、朝鮮総連の新聞「朝鮮新報」九月四日のインタビューで「（拉致問題は）幽霊のように実態のないものだ」と言うようになりました。

安倍さんや中川昭一さん、西村眞悟さんらは怒って、拉致議連を解散し、二〇〇二（平成一四）年四月、若手を中心とする新しい拉致議連（「北朝鮮に拉致された日本人を早期に救出するために行動する議員連盟」）をつくったのです。会長には石破茂さんが就任しました。

阿比留　そのときに、中川昭一さんから電話がかかってきて、「（北朝鮮に融和的とされていた）橋本派の石破さんが受けてくれたのは大きいよ。インパクトがある」と言って非常に喜んでいました。が、結果的には失敗でしたね。

西岡　本当は中川さんが会長ならよかったのです。安倍さんより三期上で、保守派の若手を束ねていました。ただ、中川さんは「日本の前途と歴史教育を考える若手議員の会」の会長もやっていて「全部、自分がやるわけにいかない」と、石破さんになったのです。

阿比留　当時、私は石破さんにインタビューをしました。会長に決まったとき、石破さんは「拉致容疑は人権問題でもあるが、それ以前に国家主権の侵害だ」などと結構、いいことも言っていたのです。しかし、小泉総理初訪朝のすぐ後の内閣改造で、石破さんは防衛庁長官に抜擢され、拉致議連会長を辞めてしまいました。

その頃、福田官房長官が拉致議連を嫌がっていたのです。石破さんも「福田さんは自分のことも煙たがっていた」と話していました。ところが、石破さんが石破二朗・建設省事務次官の息子だと分かってから、突然、親しげに福田さんが接近してきた。石破さんが「次官の息子なら信用するんだな」と漏らしたのを聞いたことがあります。やがて福田さんと昵懇になると、石破さんはこれ幸いとばかりに拉致と関わることをやめたのです。

西岡　その後、中川昭一さんが拉致議連の会長を引き受けてくれたのですが、経済産業大臣になって、会長を辞めました。大臣になると議連の会長は兼務できないからです。

阿比留　二〇〇三（平成一五）年一〇月、平沼赳夫さんが会長に就任しました。平沼さんを口説いたのも安倍さんと中川さんでした。平沼さんは当初、「私は拉致問題に詳しくないから」と固辞していたのですが、二人で「平沼さんしかいません」と説得したそうです。

西岡　三回頭を下げにいったら、すべてを呑み込んで「やります」と言ってくれたそうです。

官僚を使った中川昭一氏

西岡　中川さんが拉致議連の会長に就任してから、私のところにしょっちゅう電話がかかってくるようになりました。ちょうど中川さんはそのとき自民党広報本部長をしていました。ある日、党本部の部屋に来いと呼ばれて、カレーライスを食べながら「次は何をするんだ、考えろ」と言われたことがありました。拉致問題を訴えるために訪米してはどうかと提案すると、「分かった。先乗りで島田洋一救う会副会長ら二人をまず送ろう」と、まるで自分自身が「救う会」のメンバーのように動いてくれたのです。

当時、竹内行夫外務次官が「拉致は優先ではない」と発言したことがありました。それを聞いた中川さんは「これは大変だ」と怒って、「中川ですが、これから行きます」と竹内次官に直接、電話をかけました。秘書が「本部長、これから予定があります」と止めようとしたのですが、「お国のためだ。すべてキャンセルしろ」と言って、横田さんたちや私を連れて外務次官室に出向き、「この発言はどういう意味だ？」と問い質したのです。竹内次官は「そういう意味で言ったのではありません」と釈明していましたが、中川さんという人はこのように行動的で、本当に熱血漢でした。

第一次安倍政権のときは、中川さんは政調会長でした。当時、一番懸念されたのは、アメリカが北朝鮮のテロ支援国家指定を外すかもしれないということでした。ブッシュ政権後半の頃で、ライス国家安全保障担当大統領補佐官と、六カ国協議代表を務めていたヒル国務次官補は対北融和路線をとりました。彼らは「核開発をやめる」と言った北朝鮮に騙されて、拉致問題は後回しにして核問題を優先することにしたのです。

このときも中川さんが日本版テロ支援国家指定に動いてくれました。

テロ支援国家指定がなぜ重要かというと、この指定を受けると、アメリカ政府は支援を拒否するだけでなく、国際金融機関の支援に反対しなければならないシステムになっているためです。北朝鮮はアジア開発銀行から融資を受けたかったのです。

それは金大中氏が二〇〇〇年に平壌を訪れた際、「アジア開発銀行に加盟して、そこから資金を調達すればいい」と北朝鮮にアドバイスをしたからです。アジア開発銀行の投票権は、一国一票でなく出資額の比率で配分されており、事実上アメリカ政府が反対すれば出資はできないのです。つまり、北朝鮮はアメリカにテロ支援国家に指定されており、支援を受けることができない。このため、金大中氏は、大韓航空機爆破事件やラングーン爆弾テロ事件は民族内部の問題だから、指定の理由から除外してほしいと訴えました。

アメリカでは、北朝鮮がテロリストの「よど号」犯人を匿っていることや、拉致問題が指定の理由に該当するかどうかが議論されていました。拉致は二〇年前に起きたものだけれども、「まだ被害者が帰国していないのだから、問題は継続している」とアーミテージさんたちは解除に反対しました。

ブッシュ大統領が指定解除を検討していたとき、私たちは中川さんに日本版のテロ支援国家指定を設定してほしいと要請しました。日本もアジア開発銀行に出資しています。先ほど話したようにアジア開発銀行は出資額に応じて投票権があり、多額の出資国の日本が反対すれば、通らないことがほとんどです。中川さんは「分かった」と引き受けてくれました。

そこで呼ばれたのが、残念ながら最近、法務大臣を失言で辞任した葉梨康弘さんです。

葉梨さんはものすごく頭のよい人で、政策を作るのが得意でした。しかし、作成した北朝鮮人権法改正案の案文には制裁について強い表現が入っていましたが、国際金融機関という言葉が含まれていなかったのです。私が「国際金融機関という言葉を入れないと困ります」と言うと、中川さんは衆議院の法制局の担当者を呼んで、前例を探させ、ある法律に「国際開発金融機関」という用語がすでに使われていることを見つけ「国際開発金融機関等の国際機関に対する適切な働きかけを行わなければならない」という条文が入った。

そのとき、佐々江賢一郎アジア太洋州局長が政調会長室を訪れ、外交は行政権に属するため、法律で縛るのは不適切であると述べて、融資に反対するかどうかは外交によって決めるべきだと主張した。これに中川さんは「条約批准は国会がすると書いてあるじゃないか」と怒鳴ったのです。

中川さんは「北朝鮮人権法改正案」を作成して、公明党の政調会長と協議し、その後、拉致議連の会長代行だった野党第一党・民主党の中井洽さんのところに行って了解を得ました。そのころ国会では与野党間で激しい対立がありましたが、この法案だけは対立がなく、委員会審議は行われず、すぐに本会議に持ち込まれ、法案は衆議院では二日、参議院でも二日で通過しました。

つまり、この改正案を実現させた一番の功労者は中川さんと葉梨さんなのです。官僚の指示に従うのではなく、自分ですべきことを決めたら、方法を考えて人を使うことが重要です。そして、北朝鮮が最も嫌がることをしながら交渉するべきです。

阿比留　中川さんは酒好きで有名ですよね。私も八時間近く二人で飲んだことがありますが、飲まない時は飲まない。ある時、中川さんから二、三人の記者と一緒に呼ばれて居酒屋に行ったことがありますが、そのとき中川さんも一緒に飲むのだろうと思っていたら一滴も飲まない。一滴も飲まずに、ビールをあおり続ける私たちの話で心に引っかかったことを一生懸命にずっとメモしていたのです。とても勉強家なのですよ。

西岡　中川さんは、朝早く起きて資料を読み込んでいましたね。そしてすごく繊細な人でもありました。

拉致家族と一緒に食事していたとき、中川さんが横田早紀江さんの手を握って、「めぐみさんに会いたいですよ」と泣き始めたことがありました。早紀江さんは「一番会いたいのは私よ」と内心思っていたはずですが、中川さんを逆に慰めたのです。中川さんは本当に家族の気持ちになりきっていました。自分に何ができるのかということを、拉致議連の会長になってずっと考えていたそうです。

安倍さんや中川さんたちは少数派だったために、政策を実現させるためにはどうすればいいのか一生懸命でした。

拉致問題解決に最も近づいた瞬間

西岡　安倍政権で拉致問題の解決に最も近づいたのは、トランプ大統領と金正恩委員長の会談です。

阿比留　二〇一八年六月一二日にシンガポールで第一回米朝首脳会談が、二回目は翌一九年二月二七日から二八日にベトナムのハノイで開かれましたね。

西岡　安倍さんが私たちにしてくれた説明の中でも、拉致問題の重要性をトランプ大統領に説得できたことがもっとも大きかったと言っていました。

アメリカの本音は、核ミサイルの解決です。北朝鮮が一番恐れているのはアメリカなのです。そのアメリカに拉致問題も解決しなくては先に進めないと説得して理解が得られた。だから問題解決に向けて動く可能性が出てきたと、安倍さんは述べたわけです。

二〇一七（平成二九）年二月、安倍さんが訪米して、トランプ大統領と最初のゴルフをして帰ってきたとき、われわれに「ゴルフをしていたというのは遊んでいたように見えるけど、実はカートの中で長い間、大統領と話ができるんだ。今回はカートの中でずっと拉致の話をした」と言っていました。トランプ大統領はそれまで拉致問題についてはほとんど知らなかったようですが、安倍さんは横田めぐみさんたち日本人拉致について詳しく説明した上で、「アメリカ人も拉致された可能性がある」と指摘したのです。その後、トランプ大統領は拉致家族と二回にわたって会ってくれました。

阿比留　トランプ大統領は国連での演説で、横田めぐみさんについて言及しましたし、有本恵子さんの父である明弘さんにも手紙の返信をくれましたね。トランプ大統領は金正恩委員長との会談で、安倍さんの考えをきちんと伝えてくれたと聞いています。

西岡　はい。なぜ米朝首脳会談で拉致問題が解決に近づいたのか。北朝鮮は二〇一六年と二〇一七年に合わせて四〇発の弾道ミサイルを発射し、核実験を三回行った。対してトランプ大統領は北朝鮮の核開発を止めるためにはあらゆる手段を使うと表明し、その中には軍事的手段も含まれていました。

安倍総理はトランプ大統領の方針を全面的に支持すると表明しました。二〇一七（平成二九）年には、当時の小野寺五典防衛大臣が国会で、北朝鮮がグアムを狙って弾道ミサイルを発射した場合、集団的自衛権を行使できる「存立危機事態」に認定して、自衛隊のイージス艦が迎撃することが法的に可能であるとの認識を示しました。こうした強い圧力がかかった結果、金正恩は話し合いに応じることになったわけです。

米朝首脳会談では、トランプ大統領は核問題に加え、拉致問題にも言及しましたね。私たちは二〇一九年五月にホワイトハウスを訪問し、そこで高官から会談の様子を聞きました。米朝首脳会談はシンガポールとハノイで二回行われましたが、ホワイトハウスの高官によると、トランプ大統領は三回にわたって拉致問題を提起したそうです。

最初の提起はシンガポールでした。そのとき金正恩は問題をごまかした。ハノイでの最初の一対一の会談でも他の話題に話を逸らしました。しかし、その後の少人数での夕食会で再び提起したところ、金正恩は意味のある回答をしたそうです。外交上の問題もあるため、正確な表現は伝えられないが、安倍総理には全て伝えてあるということでした。

つまり、ハノイでの会談では、金正恩は拉致問題の解決に肯定的な姿勢を見せていたのです。

阿比留　私が聞いたのは、トランプ大統領は金正恩に対し、「とにかく、私の親友であるシンゾーに会ってみろ。拉致被害者の帰国に応じて行う支援について説明してくれるはずだ」と伝えたそうです。安倍総理は、中国の習近平国家主席にも、韓国の文在寅《ムン・ジェイン》大統領にも、拉致問題を解決するよう金正恩委員長に促して欲しいと言っています。習主席も金正恩に「拉致問題を解決しなさい」と言っています。つまり、金正恩は一番怖いアメリカと、本当は嫌いだけど頼らざるを得ない中国の両方のトップから圧力をかけられたわけです。

西岡 トランプ大統領は、金正恩に対して核兵器廃棄をすることで豊かな国になれると説得するために、口頭だけではなくビデオを作るように指示しました。ビデオには、暗い朝鮮と明るい朝鮮の映像が含まれており、「どちらがいいか。もちろんこっちだろう」と示唆するものでした。

ただし、アメリカは議会の権限で、たとえ北朝鮮が核兵器を放棄しても一党独裁・共産主義政権であるため、政府開発援助（ＯＤＡ）などの支援を提供できません。制裁は解除できます。「アメリカは支援できない」とともに「シンゾーは支援すると言っている」と伝えることで、トランプ大統領は金正恩を説得したのです。

安倍さんはトランプ大統領に、日本の国交正常化後のＯＤＡをバーゲニングチップ（取引材料）として使って、北朝鮮に核兵器開発をやめさせれば、アメリカの国益になると伝えた。トランプ大統領は、拉致問題も重要であり、安倍総理との友情もあると考え、その提案をアメリカの国益に適うものと判断しました。そうでなければ、トランプ大統領が、自国のために使う首脳会談の大切な時間を割いて、三回も拉致問題を取り上げなかったはずです。彼が核問題を解決するためには、拉致問題を解決しなければならないと考えたため、安倍総理の提案に同意したのです。トランプ大統領にそう思わせたのは安倍さんだったのです。

阿比留　真偽は定かではありませんが、金正恩はそれに対して、平壌にマクドナルドとケンタッキーが欲しいと言ったという話があります。平壌宣言を作成したとき、日本と国交正常化をしたら、韓国に支援したものと同様の支援を北朝鮮にも行う方針でした。

西岡　それが先に議論した小泉訪朝のときの裏約束、一〇〇億ドル、つまり一兆円の支援と言われているものです。ODA供与ですから現金ではなくてプロジェクトベースになります。金正日は各機関に命令して、プロジェクトを作っていたという話まであります。

阿比留　日本のゼネコンも、儲けるチャンスだと期待していました。

「四〇年の自衛官生活で一番緊張」

阿比留　少し時間を戻すと、北朝鮮との緊張が急速に高まったのは、二〇一七（平成二九）年九月三日に北朝鮮が六回目の核実験を行ってからですね。

その月に安倍さんが訪米してトランプ大統領と会いました。帰ってきたとき、二三日に私が安倍さんに「どうでした？」と電話したら、「金正恩委員長はすごく臆病だから自分からは絶対先制攻撃しない。トランプ氏にもそう説明したが、ミサイルも米領グアムの方向には撃たない。米国が戦略爆撃機Ｂ52を飛ばしても北は一切反応しない。本格的な挑発はやらないんだ。一方で、アメリカが来年、先制攻撃をする可能性が出ている」と聞かされました。突然だったので「うわっ、そこまで状況は来ているのか」と驚きましたね。

西岡　ワシントン・ポスト紙のボブ・ウッドワード記者がトランプ大統領を長時間にわたってインタビューした書籍『ＲＡＧＥ』（邦訳は伏見威蕃訳、日本経済新聞出版刊）には、当時の緊迫した状況についての記述があります。具体的には、国防長官であったマティス氏が「北朝鮮の脅威のため、大統領に核兵器の使用を勧めなければならない状況が来た時に備えて、自分自身に『そうしなければならなくなったら、どうするだろうか？　お前は数百万人を焼却することになるだろう』と苦悩した」と記されています。

アメリカは北朝鮮に対して、ＣＩＡの担当部署を設置していますが、やるときはすごいのです。その一例が斬首作戦です。

私と関わりのあった米軍の情報関係者が、二〇一七年ごろに「金正恩の現在地をわれわれは知っている」と話したことがありました。これは軍事機密であるはずなのに、なぜ私に話すのか疑問に思いました。おそらくは、北朝鮮に伝えるためだったのだと思います。東京のある国防関係者にこの話をしたところ、「私たちも在日米軍から同じことを聞いています」と言われました。つまり、これは金正恩へのブラフではなく、真実だったのです。

翌年、金正恩の警護を担当する護衛司令部幹部のスマートフォン約二〇〇台が改造され、ボタンを押すと、ＧＰＳ装置で金正恩の居場所が特定されることが明らかになりました。しかもこの装置は、金正恩の別荘を担当する護衛司令部の幹部らのスマホに組み込まれていたのです。

これが発覚して、護衛司令部は大粛清に遭いました。護衛司令部は、忠誠心の高い人間を集めた部隊で、司令官の尹正麟《ユン・ジュンリム》は金日成時代から護衛司令官を務めており、金正恩と手を組んで歩く写真も存在します。その人間が粛清されたほか、ナンバー2の金成徳《キム・ソンドク》政治委員も処刑されました。二〇一七年から一八年末までに粛清されたのは、少将以上の幹部が九七人、少佐から大佐までの中間幹部は数千人と言われています。スマートフォンが原因で、護衛司令部が大粛清されたという話は、複数の情報源で確認されています。

ちなみに、これに関連して例の韓国軍の自衛隊に対する火器管制レーダー照射事件が起こっています。私の入手した情報では、護衛司令部に属する貿易会社「東洋貿易総会社」の水産部門の幹部が、粛清を恐れて木造船を盗み出し、二〇一九年一二月に日本に逃亡しようとする事件が発生しました。でも北朝鮮は逃亡者たちを捕まえることができず、身柄の確保を韓国の文在寅政権に要請した。文政権はそれに応えて、救助を装ってイージス艦と大型の海洋警察の船を派遣しました。ここまでが私の情報です。まだ確認はとれていません。木造船には四人が乗っており、一人は死亡。通常ならば取り調べが必要ですが、彼らはわずか二泊三日で北朝鮮に引き渡されました。韓国軍が自衛隊哨戒機に対して火器管制レーダーを照射したのはこのときなのです。

話を戻すと、二〇一七年九月三日に北朝鮮は六回目の核実験を行い、アメリカ西海岸まで届く大陸間弾道ミサイル（ＩＣＢＭ）搭載用の水爆実験に「完全に成功した」と発表しました。一五日にはグアムを射程に入れた火星12ミサイルを通常軌道で北海道を飛び越えて射った。アメリカは同二三日、グアムの米軍基地からＢ－１Ｂ戦略爆撃機二機を発進させ、北方限界線と呼ばれる海の休戦ラインを越えて、北朝鮮の海域に侵入。そして、西海岸に位置する地方都市の元山沖で軍事演習を開始しました。戦略爆撃機に加え、多数の戦闘機や空中空輸機などが参加した大規模な演習です。

実は、元山には金正恩の大別荘があります。彼は金正日の妾である高容姫《コ・ヨンヒ》の子供として生まれたため、平壌には滞在できず、元山で育ったのです。

でも北朝鮮は、元山沖での大規模演習が始まったにもかかわらず、それをレーダーで発見できず、戦闘機の発進もできなかったため、驚愕しました。この出来事以降、金正恩は妹の金与正《キム・ヨジョン》を随行秘書として選び、自身のスケジュールは金与正だけに伝えるようにして、核実験やミサイル発射実験を中止する決断を下しました。

一度だけ、北朝鮮は二〇一七年一一月末にアメリカ東海岸まで届く火星15を打ち上げました。しかし、弾頭の大気圏再突入には失敗しました。北朝鮮はそれでも「成功した」と主張しましたが、それ以上のミサイル発射実験や核実験は中止されたのです。金正恩は自身の安全を懸念して、トランプ大統領に会うことを決めた。本当に自分の身が危ないと思ったからです。「先圧力」が利いたということです。

阿比留　二〇一八年二月頃に、当時の河野克俊統合幕僚長と二人で飲んでいたときに、河野さんが突然、「四〇年の自衛官生活で今、一番緊張しています。北朝鮮有事が起きたら、超法規的になるけれども、拉致被害者救出のため私は自衛隊を出そうと思っている。安倍総理もきっと理解してくれます」と言ったことがありました。統幕長だから米軍の情報はかなりの程度入っています。事態はまさしく有事直前だったのでしょう。

西岡　有事直前に緊張が高まり、米朝首脳会談が開かれました。でも結局、北朝鮮の嘘が発覚してこの話はダメになってしまいました。

ハノイでの会談翌日の午前中のセッションで、アメリカは北朝鮮に対し、核の製造工場を全て廃棄し、これ以上の核兵器の製造をしないことを約束させることで、制裁のかなりの部分を解除することを提案しました。そして、その後、安倍さんを招いて支援の話をすることを検討していたのです。

これに対し北朝鮮は、「寧辺にある核工場がすべてだ。黒鉛減速炉でプルトニウムを製造している工場と、濃縮ウランを製造している工場の二つだ。アメリカにも見せたことがある」と主張しました。

しかし、アメリカはそのような単純な答えには騙されません。ＣＩＡは、複数の場所で北朝鮮が濃縮ウランを製造しているという確かな情報を持っていました。原子炉は地下には製造できませんが、電気で遠心分離機を回すことで地下でも濃縮ウランを製造することができます。一方で、金正恩に上がっていた報告は、「アメリカは気がついていない。寧辺の核施設を廃棄すればトランプを騙せる」というものだったようです。
これで北朝鮮が嘘をついていることが明らかになったため、トランプ大統領は「私たちはあなたたちがしていることを一インチ単位で知っている。あなたたちはすべての核施設を廃棄する準備ができていない」と述べ、その日のランチの約束をキャンセルして帰ってしまったわけです。もしもそこで米朝が核合意を達成していたなら、安倍さんが平壌を訪問する可能性は高かったでしょう。でも結局、拉致問題は解決に至らず、核問題にも進展が見られなかったため、日朝関係は行き詰まってしまいました。

阿比留　トランプ大統領があと一歩押し込めば、いいところに行っていたのです。安倍さんも「あれはほんとに惜しかった」と言っていました。トランプ大統領は途中で少し北朝鮮に妥協した感じでした。もっと金正恩を怯えさせればよかったのに。

横田滋さんへの弔辞

西岡　ところが、二〇二〇（令和二）年から、苦しい局面に直面します。二月三日、有本恵子さんの母の嘉代子さんが九四歳で力尽きて逝去し、六月五日病床で横田めぐみさんとの再会を待ち続けた初代家族会代表の横田滋さんが八七歳で逝去し、翌二〇二一年一二月一八日には田口八重子さんの兄で二代目家族会代表の飯塚繁雄さんが八三歳で逝去した。安倍さんも病のため二〇二〇年九月に総理を辞任してしまった。安倍さんも共に戦ってきた家族会メンバーの相次ぐ逝去に強い心痛を覚えていました。

ここで、二〇二〇年一〇月に家族会・救う会・拉致議連が主催した横田滋さんのお別れの会での安倍さんの弔辞を紹介します。原稿なしですらすらと、かつ心を込めて語っていたことが思い出されます。

〈横田滋さんは、家族の大切さを身をもって示されました。

昭和五二年一一月一五日、めぐみさんが北朝鮮に拉致されてからの横田家は、娘を取り返すため、戦い続けた四三年間だったと思います。当時の日本は、「北朝鮮が拉致をする筈がない」という空気が支配し、なかなか国民的な理解が進まない中で、政府も動きがなかった。

そういう中で滋さんは、本当に困難な判断を迫られました。先ほど司会の西岡さんからご紹介があったように、果たしてめぐみさんの実名を公表すべきかどうかということでした。

公表しなければ国民的な理解は深まらず、政府も動かない。しかし、もし公表してめぐみさんの身に危害が及んだら、どうなるか。恐らく、滋さんにとって眠れない夜が続いたのだろうと思います。

でも、あの時の滋さんの決断によって、国民的な理解が深まり、そして「一三歳の少女まで拉致をしていたのか」と多くの国民が怒りを覚え、運動が盛り上がり、そして二〇〇二年、北朝鮮は拉致を認め、謝罪をするに至りました。

しかし、その際発表された生存者の名簿には、めぐみさんの名前はありませんでした。あの時私たちは平壌にいてその報告を受けた時、大きな衝撃を受けました。その場の空気は凍りつき、あの時期待は高まっていました。期待された滋さんやご家族の気持ちを思うと、言葉もありませんでした。

しかし、滋さんは決してあきらめませんでした。一カ月後の一〇月一五日に、五人の被害者の皆さんが帰国されました。羽田空港には、家族会代表として出迎えられた滋さんの姿がありました。家族会の代表として責任感からこの場を記録に留めようと、カメラのシャッターを切っておられました。その滋さんの目からは、涙が流れていました。

そこにめぐみさんがいないことがどんなに悲しかったか、どんなにつらかったか。国家としてこの問題を解決しなければならないと、強く決意しました。

滋さんの戦いはその後も続き、夏の暑い日も汗をふきながら署名活動を行い、ビラを配り、冬の日も全国に出かけられました。

ふだんは本当に温厚でいつも温かい笑みを浮かべている滋さんでありますが、娘を必ず自分の手で取り返さなければならないという強い信念と、家族会の象徴としての責任感から、まさに命を削って運動を続けられたと思います。大変なご負担をおかけして本当に申し訳ない思いです。

安倍政権において、めぐみさんのいる家族のだんらんを、滋さんがお元気なうちに取り戻すことができなかったことは断腸の思いです。

先程、菅総理からご挨拶がありましたが、菅総理も二十数年前、一緒に北朝鮮に圧力をかけるために、万景峰号を入国させないための戦いに奔走した一人です。これからも全力を尽くされると確信しています。私も一議員となりましたが、これからも拉致問題解決のために、全力を尽くしていくことをお誓い申し上げ、「ありがとうございます。横田滋さん」と申し上げて、お別れの言葉とさせていただきたいと思います。滋さんのご冥福をお祈りし、ご挨拶といたします。〉

民主党政権の罪

西岡　第一次安倍政権、第二次安倍政権、そして菅政権、岸田政権と安倍総理がつくった枠組みが引き継がれています。

二〇〇七（平成一九）年九月に第一次安倍政権が終わった後、福田康夫、麻生太郎総理を経て、二〇〇九（平成二一）年九月から二〇一二（平成二四）年一二月まで、鳩山由紀夫、菅直人、野田佳彦の民主党政権が続きましたよね。そのときは危なかった。

二〇〇八（平成二〇）年一〇月、ブッシュ大統領は、北朝鮮が核計画の申告の検証方法に合意したため、テロ支援国家指定を解除してしまいました。日本の民主党政権でも朝鮮総連の学校に補助金を出そうとして「先圧力」が揺らぐようになり、われわれはなんとしてもその枠組みを壊さないように努力しました。民主党政権には、松原仁さん、笠浩史さん、渡辺周さんなど、我々の味方となる人たちがいたため、彼らが動いてくれた。

阿比留　福田さんは最初に総理になって拉致家族と会ったときに、「私のことを嫌わないでください」と言っていましたね。その自覚はあったようです。

西岡　だから、中山恭子さんを拉致問題担当大臣にしたのですよ。結局、福田総理辞任直後にアメリカのテロ支援国家指定は解除されてしまったのですが、チェイニー副大統領が同盟国・日本が失望することを避けるため、最後まで解除に反対していたようです。しかし、前年の二〇〇七年一一月に福田総理が訪米して、そのことに触れなかったために、アメリカに日本は失望していないと思われて、チェイニー副大統領ははしごをはずされてしまったのです。

阿比留　二〇〇七年四月に安倍総理が訪米してブッシュ大統領と会った際には私も同行取材しましたが、テロ支援国家指定の問題が取り上げられ、ブッシュ大統領は「安倍を困らせるようなことはしない（指定は外さない）」と言っていたのですよ。しかし、福田さんが後任に就いた後は「もういいや」ということになり、福田さん自身もアメリカの動きについて、記者から質問されても「アメリカの自由だ」というようなことを言って、まともに答えなかったのですからね。

菅直人総理は、もっと無責任でした。拉致被害者家族との懇談会で、「万が一のときに北朝鮮にいる拉致被害者をいかに救出できるか、準備や心構えをいろいろ考えておかなければならない」と言って、自衛隊を出動させて北朝鮮の中を通って救出することをほのめかしたのです。ところが、周囲の官僚たちが準備をしようとすると、「俺が本気でそんなこと考えていると思うか」と言い放ちました。つまり、菅直人総理は家族にリップサービスのつもりで言っただけだったのです。

西岡　私もその場にいましたが、「何を言っているのか」と思いましたよ。確か、「日韓の間で議論していきたい」という内容だったと思いますが、韓国側からは直ちに「何も聞いていないし、反対する」との回答がありました。

また、別の出来事として、こういうこともありました。私たちは菅直人総理に「寺越事件を拉致と認定して欲しい」と訴えました。この事件は一九六三（昭和三八）年五月、寺越昭二さんと弟の外雄さん、甥の武志さんが石川県の海岸で漁をしていた際に、北朝鮮の船に拉致されたものです。北朝鮮は三人を「救出」と称し、八〇〇キロも離れた清津港に連れて行ったとされます。しかし、元工作員の証言によると、そこは北朝鮮工作員の侵入ルートと想定されており、昭男さんは武志さんをかばって銃殺され、その後数キロ移動して海に遺体が捨てられたといいます。寺越事件が救助ではなく拉致であることは明らかです。

菅直人総理は、寺越事件を「認定を視野に再検討する」と発言し、あたかも拉致認定するような言葉を使いました。おそらく、菅総理自身は寺越事件について詳しく知らなかったため、ブリーフィングを受けてから「あ、そうか」と思いついて発言したのだと思います。しかし、寺越事件は簡単な問題ではなく、最終的には何も進展しなかったという結果になりました。

阿比留　菅直人さんは、日本人の拉致事件に関与した辛光洙《シン・ガンス》の釈放を求める助命嘆願書に、村山富市元首相や土井たか子元衆院議長らとともに署名していましたからね。首相時代にその件を指摘されると「迂闊だった」で済ませましたが、本当に悪いことをしていますよ。

西岡　自分のやったことを責められるのではないかと思って、過剰に家族が気に入るようなことを言ったのかもしれませんね。

一方、鳩山由紀夫総理は、民主党が野党のときの拉致対策本部長で、西村眞悟さんが直前に原稿を渡すとその通りしゃべってくれたり、外務省がペーパーを出すとその通りに言ったりするような人だったみたいですね。

阿比留　あの人は野党時代に、靖国神社に参拝するのは日本人として当然だと言っていたのに、民主党政権になると「絶対反対」と言い始めるような節操のない人です。朝言ったことと夕方に言うことが違うのは野党時代から有名でした。

西岡　民主党の拉致対策本部長のとき、国民大集会に出てきたことがありました。「私の祖父はモスクワに乗り込んでいって日ソ共同宣言に調印したのだから、私も平壌に乗り込みます」というようなことを意気揚々と話していました。場当たり的で世論を気にしながらしゃべるわけです。

阿比留　鳩山さんが普天間問題で非常に行き詰まったときに、当時、副総理だった菅直人さんが鳩山さんに、「こういうときは別の大きなテーマを持ち出して話題を逸らすのがいいのだ」と、何度もアドバイスしたと証言しています。なにせ菅直人さんは首相就任記者会見で好きな歴史上の人物を聞かれ、高杉晋作と答えたのですが、その理由は「逃げ足が早い」でしたから。普天間問題から逃れるには、消費税増税とか新たに大きなテーマを打ち出せばいいとか、適当なことを言って、みんなの目を逸らせよということですが、二人ともそのようなレベルです。

第四章

外務省の敗北主義

斎木元外務省次官の卑怯

西岡　小泉訪朝を準備した田中均さんだけが外務省の中で「変わった人」というわけではありません。田中さんは国交正常化を目標に掲げ、外務省の中でも突出していたため、省内でも支持者が少なかったのは事実です。しかし、一部にはまだ国交正常化を望む人たちがいる可能性があります。

その中の一人が、斎木昭隆元外務次官かもしれません。こんなことがありました。

斎木さんは、第二次安倍政権時代の二〇一四（平成二六）年五月にストックホルム合意が結ばれたときの外務次官でした。ストックホルム合意では、北朝鮮が「特別調査委員会」を設置し、拉致被害者や特定失踪者の全面的な調査を行う代わりに、日本は、北朝鮮が調査を開始した時点で、独自に科す制裁措置の一部を解除することが約束されました。

当初、安倍総理はストックホルム合意に基づき、北朝鮮との交渉を進めようとしましたが、私たちはそれに「危険だ」と反対しました。その理由は、交渉は形式的なものであり、最終的な決断はトップの金正恩しかできないということです。もし北朝鮮が「再調査を行う」と言った場合、金正恩が全被害者を返すという決断をすでにしていれば交渉を進めることができますが、そうでなければ、交渉だけを行い、制裁を緩めるような状況に陥る恐れがあります。

安倍さんはストックホルム合意の危険に気づき、二〇一四年秋頃からストップをかけました。そうした中で、二〇一八（平成三〇）年から二〇一九年にかけて共同通信が五月雨式に、日本政府が被害者に認定している田中実さんと、未認定の金田龍光さんの「生存情報」を流しました。金田さんの国籍は朝鮮です。

報道は次の通りです。

①二〇一八年三月一六日

〈田中実さんについて、北朝鮮が二〇一四年、日本側との接触で「入国していた」と伝えていたことが一六日、分かった。日本政府関係者が明らかにした。〉

②同年三月二五日

〈金田龍光さんについて、北朝鮮が二〇一四年の日本側との接触で、「入国していた」と伝えていたことが二五日、分かった。日本政府関係者が明らかにした。〉

③同年七月二一日

〈北朝鮮が日本側との最近の接触で、四年前に入国を認めた神戸市の元ラーメン店員田中実さんと、同じ店の元店員金田龍光さん以外に「新たな入国者はいない」と伝えていたことが二一日分かった。日本政府関係者が明らかにした。伝達時期は、米朝首脳会談が開かれた（二〇一八年・西岡補）六月一二日前後とみられる。〉

④二〇一九年二月一五日

〈田中実さんが結婚し平壌で妻子と共に生活していると、北朝鮮が日本側に伝えていたことが一五日、分かった。二〇一四年以降の両国の接触で複数回、伝えてきた。日本政府関係者が明らかにした。（略）金田龍光さんにも「妻子がいる」と伝達。田中さんと金田さんの帰国意思は「ない」と説明した。〉

⑤二〇一九年一二月二七日

〈北朝鮮が二〇一四年、日本が被害者に認定している田中実さんら二人の「生存情報」を非公式に日本政府に伝えた際、政府高官が「（二人の情報だけでは内容が少なく）国民の理解を得るのは難しい」として非公式にすると決めていたことが二六日、分かった。安倍晋三首相も了承していた。複数の日本政府関係者が明らかにした。（略）「平壌に妻子がいて帰国の意思はない」とも伝えられ、他の被害者についての新たな情報は寄せられなかった。被害者全員の帰国を求める日本政府にとって「到底納得できる話ではなく、国民の理解も得られない」（高官）と判断した。〉

つまり、田中実さんと金田さんという人について、「平壌で生存しているが、結婚して幸せに暮らしている」という情報が北朝鮮から伝えられてきたのに、それを安倍総理に報告したら「その話に乗るな」と潰されてしまった。総理は二人を見捨てたのだというトーンの記事が、共同通信に繰り返し出たのです。

しかし、この情報源はすべて日本政府関係者となっていて、北朝鮮から直接情報が提供されたわけではありません。報道を受けて、有田芳生さんらが国会で「安倍さんはひどいじゃないか」と追及したりしました。

しかし、私はこの記事を読んで、疑問を感じたのです。これまでの経験から、北朝鮮は何かを要求することが多く、生存情報を提供するにあたっても見返りを求めてきたはずです。そもそもその情報が正しいかどうかも分からないし、見返りに何を要求されたのか明らかにされなければ、交渉の実態は分かりません。ひょっとすると、日朝国交正常化交渉の開始や制裁解除、拉致問題の棚上げなどの要求があったかもしれません。それを安倍総理が飲まなかったとしても当たり前のことです。

さらに、この情報をリークしたのが外務省の一部の人間であったことから、外務省内で安倍総理を攻撃する意図があったのではないかとも考えられます。つまり外務省の一部の人間が安倍さんの足を引っ張ろうとしているのではないかということです。

昨年（二〇二二年）、安倍晋三元首相が亡くなった後、朝日新聞は小泉訪朝から二〇年の企画で、斎木さんの単独インタビュー記事を掲載しました。

その中で斎木さんは「北朝鮮からは、拉致被害者の田中実さんや知人の金田龍光さんの生存情報が提供されたと報じられています」という質問に対し、「北朝鮮からの調査報告の中に、そうした情報が入っていたというのは、その通りです。ただ、それ以外に新しい内容がなかったので報告書は受け取りませんでした」と答えています（朝日新聞「『若狭湾です』　拉致被害者が実感した帰国　斎木・元外務次官に聞く」二〇二二年九月一七日）。これによって、これまで共同通信の情報源の一人が斎木氏であることがほぼ明らかになったと私は思いました。しかも、安倍さんが亡くなった後に自分の名前を出すという卑怯なやり方です。

阿比留　この件では「ブルータス、お前もか」とがっかりしました。

外務省の縄張り意識

西岡　「生存情報」の記事は共同通信だけが報道しており、他の新聞社は確認できなかったため、後追いしませんでした。それでも共同通信が自信を持って報じ続けたのは、当時の次官だった斎木さんが情報源だったからだと思います。

その後、私が取材した結果、北朝鮮は二人の「生存情報」を出すことで、拉致問題をこれで終わりにしてくれという交換条件を提示していたことが明らかになりました。そんな話に乗ることはできません。

こうして外務省の幹部が交渉の中身の一部を切り取ってリークし、安倍さんを批判するような報道を仕掛けたことが分かったのです。斎木さんはストックホルム合意に基づき、日朝交渉を進めようとしましたが、ある段階になって安倍氏に切り捨てられました。次官までやりましたら、斎木さんは普通なら駐米大使や国家安全保障会議（ＮＳＣ）の局長などのポストに就いてもおかしくなかった。しかし、何にも就けずに寂しく辞めることになりました。

安倍さんと斎木さんの間に何らかの感情的な対立があったのかどうかは知りません。しかし、このリークは、斎木さんが主導したストックホルム合意が成功したのに、安倍さんがそれを潰したと言いたいばかりです。

外務省内には、斎木さんと共にストックホルム合意に関与した幹部がまだ残っています。

彼らが仮に今も「ストックホルム合意こそが正しいものだ。マスコミも安倍政権下で、もっとも拉致問題の解決に近づいたのはストックホルム合意だったと言っている。北朝鮮はその合意に基づいて二人を返還する意向を示した。しかし安倍さんはそれを拒否した。安倍さんは拉致問題を政治利用しているのだ」と考えているなら問題です。

これは、北朝鮮の工作機関とそれに呼応する日本国内の拉致問題を棚上げしようとする勢力の工作と言えます。

阿比留　安倍さんと斎木さんが疎遠になっているのは確かでした。しかし、二人の「生存情報」だけで拉致問題を打ち止めにしようという北朝鮮の話に乗れるはずがありません。

外交には外務省の判断を超えた外交があります。外務省はそれが不愉快なのですよ。

西岡　素人の家族会がなぜ外交に口を出してくるのだというわけです。それはこれまでも、ずっと言われてきました。彼らは、政治家風情が外交に口を出すなと内心では思っているのかもしれません。財務省も、たぶん財政に関しては政治家風情が口をはさむなと思っていますよね。

阿比留　外務省は自分たちの仕事はもっと高級なものだと思っていたのに、何か下働きじゃないか、という気持ちもあるのではないでしょうか。縄張り意識があるからでしょう。

以前は事務方が事前に中身を詰めて、最終的に首脳同士で署名することが一般的でした。しかし、最近ではトップ同士が会談し、その後に事務方が手続きを進めることが多くなっています。これは世界標準になっていると思いますが、外交官たちにとっては面白くないと感じる人もいるでしょう。自分たちで決定を下せず、自分たちの仕事が低い評価しか得られないように感じるためです。そのため、田中さんのような独断専行型のプレーヤーに憧れる人もいるかもしれません。

西岡　外交官はある程度は外国語ができないといけないし、専門性も必要でしょう。しかし政治家が国益を考えて決断をしたことに対して、野党や言論から批判を受け、次の選挙で国民が決めるというシステムでなければ、まさしく独裁政権です。

阿比留　選挙は通常、二年半に一度行われます。そして、選挙で勝たなければ何もできないため、毎回選挙で勝つ必要があります。つまり、官僚に比べより民意をくみ取り、反映する立場にある。逆に民意がくめずに選挙に負けてしまえば何もできない。

「敗北主義」だった日本

西岡　歴史認識問題で外務省は、第二次安倍政権下で官邸の中に歴史戦に対抗する部署ができるまでは「基本的に歴史戦は負け戦だから戦わないほうがいい」という姿勢でした。

阿比留　前述したように「もうすでに負けているのだ」と外務省は言っていましたね。

西岡　そうです。あの保守派の外交官だった岡崎久彦さんでさえ、そうだったのです。

今となってはもう常識になった慰安婦の「強制連行」という嘘について、二〇〇七（平成一九）年三月、第一次安倍政権のときに総理が国会で「官憲が家に押し入って人さらいのごとく連れて行くという強制性はなかった」と答弁したら大騒ぎになったことがありました。「狭い意味の強制性はなかった」と述べたわけですが、するとマスコミに取り上げられ、「謝れ、謝れ」と大合唱になった。ちょうどアメリカの下院で慰安婦をめぐる対日非難決議案が出されていたときで、決議が通るかどうかというような状況も重なってアメリカの中でも安倍批判が急速に高まりました。

そのとき、加藤良三駐米大使はその日本政府の謝罪を求める下院決議を抑えるために、下院議員全員に大使名で書簡を出しましたね。ところが書簡には「狭い意味での強制連行はなかった」と書かずに、「決議案には日本が謝っていないとされているが、河野談話ですでに謝っている。そこを訂正してくれ」という趣旨を書いたのです。そのため、その部分だけが直されて、下院で決議が通ってしまいました。

阿比留　当時、安倍総理は国会で米下院の対日非難決議案について「決議されたからといって、われわれが謝罪することはない。決議案は客観的事実に基づいておらず、日本政府のこれまでの対応も踏まえていない」と明言し、米下院の公聴会で行われた元慰安婦の証言についても「裏付けのある証言はない」と断言したのですけれどもね。

西岡　総理が述べたことを大使がきちんとフォローアップしなければ、歴史戦に負けてしまいます。

阿比留　当時、米下院の対日非難決議案が出され、決議案の採択を求める在米韓国系団体の意見広告がワシントン・ポスト紙などに掲載されていた。そこで、櫻井よしこさんら民間の「歴史事実委員会」が二〇〇七年六月一四日、ワシントン・ポスト紙に「THE FACTS（事実）」という意見広告を掲載したわけです。（1）慰安婦の募集をめぐる「狭義の強制性」の否定（2）不当な募集を行った業者の処罰（3）インドネシアでオランダ人女性を強制的に慰安婦とした事件の処罰（4）元慰安婦らの証言に対する疑問（5）慰安婦の待遇、を事実として挙げた広告です。

西岡　外務省にいた人たちは「負け戦だからやめておけ」と言っていた。岡崎さんは産経新聞の正論欄コラムにもそういう趣旨のことを書いていましたよ。元外交官の岡本行夫さんもそうでした。

阿比留　「あの広告が火に油を注いだのだ」と批判が上がったりもしましたね。私も実際に外務官僚が「逆効果だった」というのを聞きました。

そんな調子ですから、少し前までの外務省には「とにかくやりすごして、沈静化するのを待つしかない」という人が多かったのです。でも、やりすごすだけでは問題は沈静化しません。栗山元次官が「歴史は戦勝国が書くのだから仕方がない」と言ったように、歴史問題に関しては外務省に敗北主義が横行していたのです。

西岡　安倍さんが総理を辞めた後、雑談で「日本は敗北主義だよね」と言ったことがありました。私が「実は（元外交官の）宮家邦彦さんもそうですよ」と言うと、「彼もそうだったのか。私のところによく来るから、自分はそういう考えは間違っていると思うと言っておくよ」と嘆息していました。

安倍さんは総理のとき、特命全権大使が新しい任地に赴任する際には、三つのことをやれと指示をしていたそうです。一つは邦人保護に全力で取り組むこと、二つ目が日本製品を売るセールスマンになれということ、三つ目が歴史問題で日本が誹謗中傷されたら、大使が出ていって反論しろということです。

阿比留　第二次安倍政権になってから、大使に対するディベートレッスンが始まりました。大使全員ではなかったと思いますが、中には相手の母国語がしゃべれても、ディベートの訓練をしていないために議論に負けてしまう人がいるわけです。例えば中国の大使と歴史問題に関してテレビで対決させられたときに、一方的にやられてしまう。だから、ディベートに勝てる訓練をやれという話になったのです。

中国はそういう議論がうまい。彼らは公式コメントしか言いませんが、練りに練った公式コメントで日本を徹底的に批判してきます。あることないことを取り上げてね。いや、ないことだけか（笑）。でも中には負けずに戦う人もいて、今でもオーストラリア大使の山上信吾さんなどはテレビに出演したりして、ディベートを行っていますよ。

戦わない外務省

西岡　外務省が歴史戦で戦わないのは、その構造が分かっていないからです。宮家さんの話で言えば、産経新聞のコラムに氏はこう書いています。

〈「ムーブ・ザ・ゴールポスト」という英語がある。試合中にフットボールのゴールを動かすことから転じ、ゲームの途中でルールを変更する不条理さを揶揄《やゆ》する言葉だ。

先週ワシントンに出張した。米政府系シンクタンク主催の日米韓シンポジウムに出席する一方、複数の連邦議会議員を含む多くの議会関係者や外交問題専門家とじっくり意見交換する機会を得た。

先方の求めに応じ筆者が日中・日韓関係の現状を説明する際、用いたのがこの英語表現だ。筆者のロジックは次のとおりである。

・1945年、日本は「生まれ変わった民主国家」として再出発した。
・1965年、長い交渉の末に韓国と基本条約を結び、請求権も含め懸案を処理した。
・1995年には村山談話で戦争と植民地支配に対し「心からのおわび」を表明した。
・日本国民から集めた償い金を女性たちに届けるべくアジア女性基金まで立ち上げた。
・ドイツの謝罪はホロコーストに対するもの。フランスはアルジェリア戦争・植民地化を謝罪しただろうか。
・1945年以来70年近く、日本が行った努力はかくも丁寧、かつ真摯《しんし》なものだった。
・フットボールで言えば、50ヤードも前進したのに、ゴールポストは逆に遠のいた。
・心ある多くの日本国民が中国や韓国との関係改善を望んでいることは間違いない。
・同時に、多くの日本国民は、韓国や中国がゴールポストを動かし、日本のゴールを永久に認めないのではないかと心を痛めているのだ。

手前みそかもしれないが、ある米国政府関係者は「こんな説明を聞いたのは初めてだ」とまで言ってくれた〉（産経新聞「【宮家邦彦のＷｏｒｌｄ Ｗａｔｃｈ】参院選後の安倍外交」二〇一三年七月二五日）

宮家さんは「韓国がゴールポストを動かした」という言葉を作ったのは自分だと言っているように読めますが、実際に、先にゴールポストを動かして韓国側に近づいたのは日本の外務省なのです。日本が先に慰安婦問題で謝罪したから、韓国は「これは使える」と思ったのであって、先に自分たちがゴールポストを動かしたのに、それは言わない。

中国や韓国が歴史問題を取り上げる理由は、必要だからなのです。韓国は一九六五（昭和四〇）年から一九八二年までの間、歴史問題を取り上げたことはありませんでした。朴正煕政権時代には提起されていません。全斗煥政権時代に初めて問題が提起されたのは、経済協力がほしかったからなのです。それが第一次教科書問題でした。このとき、中国の鄧小平も日本から資金を引き出す路線に切り替えて、改革開放はやるけれども、共産党の正統性を守るために悪い日本が謝って金を持ってきたんだとしたかった。だから、「歴史問題を使え」と言ったのですよ。

彼らの必要なときはいくら謝っても終わらないんです。そういう分析が宮家さんたちはまったくできていないのです。

さらに、宮家さんはこのようにも述べています。

〈過去の「事実」を過去の「価値基準」に照らして議論し、再評価すること自体は「歴史修正主義」ではない。しかし、そのような知的活動について国際政治の場で「大義名分」を獲得したいなら、「普遍的価値」に基づく議論が不可欠だ。いわゆる「従軍慰安婦問題」や「南京大虐殺」について、歴史の細かな部分を切り取った外国の挑発的議論に安易に乗ることは賢明ではない。

過去の事実を過去の価値基準に照らして再評価したいなら、大学に戻って歴史の講座をとればよい。逆に、過去の事実を外交の手段として活用したければ、過去を「普遍的価値」に基づいて再評価する必要がある。歴史の評価は学者に任せればよい。現代の外交では普遍的価値に基づかない歴史議論に勝ち目はないのだ〉（Wedge ONLINE「中韓の広報戦略は限界に 日本は世界の共感を得る広報文化外交を」二〇一五年五月二五日）

今は韓国批判をしている武藤正敏元駐韓大使も同じです。著書『日韓対立の真相』（悟空出版）に、こう書いています。

〈日本が注意すべきポイントは、「狭義の強制はなかった」という主張はけっしてしないことです。なぜならその主張は、かえって国際社会に「過去の非人道的行為を反省していない」との不信感を植えつけ、ますます韓国側に同情を集めてしまいかねないからです。この問題の対応は、世界がどう見ているかという視点で考える必要があるのです〉

〈そもそも、軍による「強制性」が絶対になかったと言い切れるかどうか。資料がないというのは理由になるのか。軍人による強制連行を資料として残すとも考えられません。また、「絶対になかった」と明確に否定できる証拠にしても見つかることはないと思います〉

こういうことを言う人が、慰安婦像が建てられたときの大使だったのです。河野談話が出る直前までの北東アジア課長でした。

マスコミも政治家も

阿比留　外務省がなぜそうなのかというと、一つはほとんどの人が、基本的に歴史問題に関する知識がないからです。慰安婦問題も南京事件も、関心を持って調べたり追究したりしません。議論できるだけの知識がないから戦うことを避けたがる。あと、ある大使経験者は「外務省は日本社会の縮図で、左翼もいれば創価学会員もいる。まず省内でそういう相手を言い負かさないと前に進めない」とも話していました。

西岡　自国の歴史を今の歴史教科書で学んだり、東大で学んだりすると、そうなってしまうのかもしれません。東大法学部では故・大沼保昭教授のような左翼の先生たちがいて、彼らがアカデミズムを牛耳っていますからね。

もう一つは、これまでに歴史問題で更迭されてきた政治家がいっぱいいたということもあるでしょう。マスコミが言葉狩りのようなことをして、多くの政治家が歴史問題で辞任しているのを目の当りにしたから、腰が引けてしまうのです。自分たちを守ってくれる政治家が先に出て、外務省に、「やれ」と言うのならいいですが、「戦うことはしない」という方針が、国是のようになっていますからね。

先ほど阿比留さんが「保守で一〇年つなぐ」と安倍総理が述べたと指摘されましたが、安倍さんは「一〇年は戦わなければいけない。これまでの雰囲気を変えなくてはいけない」とも述べていました。逆に言えば「責任は総理がとる」という体制が一〇年は続く必要があるということです。

阿比留　確かに政治体制が悪かったと思います。外務省でもよくやった人はいます。

例えば駐英大使だった鶴岡公二さんは、慰安婦を強制連行された「性奴隷」と一九九六

（平成八）年に認定した国連人権委員会の「クマラスワミ報告書」について、「あまりにおかしい、これは間違っている」と、わざわざアポイントを取って、スリランカのクマラスワミ女史に会いに行ったのです。でも、アポをとっていたにもかかわらずキャンセルされて、現地で会うことができませんでしたが。

また、日本政府は「クマラスワミ報告書」に対する反論書を作っています。これは「偏見に基づく一般化は歴史の歪曲に等しい」と書くなどかなりよくできたものだったのですが、政府は発表せずに取り下げてしまったのです。あの時代のものとしては実によく論点が整理され、有効に反論している。それを取り下げた理由について、当時の岸田文雄外務大臣は、「文書に関し、詳細すぎるといくつかの国から指摘を受けて、簡潔な文書を改めて出した。（初めの）文書は、現状では取り扱いは非公開となっている」と二〇一四年一〇月の衆院予算委員会で答弁しました。

このように政治家の腰が引けているのなら、官僚だってやる気を失います。

西岡　反論書は橋本龍太郎政権のときに作成された、全四二ページのかなり厚いものです。政府は一度、配布したのですが、再び回収して、「日本は河野談話で謝っています。アジア女性基金で償いました」というような、短い文書に差し替えてしまいました。歴史の事実関係は一切争わず、「もうすでに謝罪している」で片付けようという「事なかれ外交」に落ち着いたわけです。

阿比留　歴史戦においては明らかに西岡先生や産経新聞の路線は少数派です。誰だって少数派にはなりたくありません。だから、安倍さんは「じわじわと攻めていくのだ」と言っていました。正しいことを、いきなり「正しい」とぶつけても、かえって誤解を生みかねないからです。

だから安倍さんは「歴史認識問題は匍匐前進で行くしかない」と言って、漸進主義をとりました。いきなり攻めるよりも、一歩一歩、ゆっくり進んだほうが認知されていくと考えていました。

第五章　安倍総理の歴史戦

「二五年戦争」

西岡　月刊『正論』年三月号（二〇二三年）に、私たち歴史認識問題研究会（会長・西岡）が昨年（二〇二二年）一二月に開いた「安倍晋三元総理大臣と歴史認識問題」というシンポジウムの記録が出ています。慰安婦問題は一九九一（平成三）年に朝日新聞が社を挙げて捏造キャンペーンを行い、翌年（九二年）一月に宮沢喜一総理が訪韓したときに八回謝ったことで急浮上した問題です。

そのときから私は朝日新聞の誤報や捏造だと主張していました。論理では勝ったのですが、論戦の結果を広める広報戦では完全に負けて、一時は日本中が旧日本軍による強制連行はあったのだと信じてしまいました。それが韓国にも伝播し、「これは使える」と考えた北朝鮮は、「韓国挺身隊問題対策協議会」（挺対協）を呼んで平壌で会議を開いたりしていました。左翼の勢いがつきすぎて、中学校のすべての検定済み歴史教科書に「従軍慰安婦」や、「連行」あるいは「強制連行」という言葉が入ってしまいました。

日本政策研究センター代表の伊藤哲夫さんは、そのシンポジウムで次のように話していました。

〈中学校の全歴史教科書に従軍慰安婦の記述が載ることがわかり「大変なことになった」

と思いました。「これはもう放っておくわけにはいかない」。私は最初に安倍氏に話をしようと考えました。安倍氏からも「これはとんでもない」といわれ、若手中心の議員連盟で取り組んでいこうという話になりました〉

そして、一九九七（平成九）年二月に「日本の前途と歴史教育を考える若手議員の会」を立ち上げたのです。シンポの日からちょうど二五年前です。伊藤さんは「まさに二五年戦争だったとしみじみと思いました」と話していました。

当時、自民党はリベラル勢力が全盛で、野中広務さんや加藤紘一さんなどが力を持っていました。そんな状況で、「強制連行は本当にあったのか？」という疑問を呈するようなことをすれば、完全に冷や飯を食わされてしまいます。そこで、安倍さんは一人で立ち向かうのではなく、当時の当選五期の先輩である中川昭一さんのところに相談に行ったのです。安倍さんは当時、二期目の議員でした。

彼は中川さんにトップになってもらい、若手議員の同志を集めてほぼ毎週、夜の九時からホテルの一室で会合を開いて議員連盟を作るための準備会を始めました。夜の九時から始めたのは、「他の会合が入っている」という理由をつけて、準備会をサボれないようにするためです。最終的に、八七人のコアメンバーが集まり「若手議員の会」ができました。

当時の名簿を見ると、菅義偉さんをはじめとする、第一次安倍政権や第二次政権で閣僚になった人たちの名前がずらっと並んでいます。伊藤さんは、このメンバーを「チーム安倍」と呼んでいました。

「若手議員の会」が正式に発足したとき、中川さんが会長、安倍さんは事務局長で、安倍さんの兄貴分である衛藤晟一さんは幹事長を務めていました。衛藤さんは、「あのときは、私が幹事長であり、安倍さんが事務局長だった。今では、安倍さんが総理であり、私は補佐官だ」と冗談を言っていました。

「若手議員の会」の会合には私も講師として呼ばれましたし、「慰安婦の強制連行があった」と主張する中央大学の吉見義明教授や、これに反対する東大の藤岡信勝教授、石原信雄元官房副長官、最後は河野談話を出した河野洋平さんを呼んで話を聞き、徹底的に議論しました。それをまとめたのが、一九九七（平成九）年に出た『歴史教科書への疑問　若手国会議員による歴史教科書問題の総括』（日本の前途と歴史教育を考える若手議員の会編、展転社）という本です。

最初から「でっち上げ」と主張

西岡　安倍さんはその中で、こう書いていています。

〈以前より、いわゆる「従軍慰安婦問題」が、今年から中学校のすべての教科書に登場することに問題意識を持っていたのですが、それを強引に推し進めてきた勢力が、ついに言論弾圧を堂々と始めた事に、政治家として危機感を抱きました。

四月までに勉強会を八回開催し、賛否の立場からなる講師のご意見、さらに資料を検討した結果、軍、政府による強制連行の事実を示す資料は、二次にわたる政府調査、各民間団体の執拗な調査によっても、まったく発見されなかったこと（調査の責任者であった石原前官房副長官も明確に証言、吉見教授もその事は認めている）、従軍慰安婦騒動のきっかけを作った吉田清治氏の済州島での慰安婦狩り証言とその著書と、それを紹介した朝日新聞の記事、また朝日新聞の「女子挺身隊を慰安婦にした」との大々的報道、いずれもまったくのでっち上げである事が解りました〉

私は、一九九二（平成四）年には慎重な立場をとり、それらの報道を「ひどい誤報」と言っていて、一九九七（平成九）年から「でっち上げ」という言葉を使い始めたのですが、安倍さんは最初から「でっち上げだ」と主張していました。

二〇〇六（平成一八）年、総理になった安倍さんは第一次安倍内閣で最初に河野談話と村山談話を継承するとしましたね。本格的に慰安婦問題で手を打ったのは、日韓合意が締結された翌年、二〇一六（平成二八）年一月の参議院での答弁です。日本のこころを大切にする党の中山恭子議員の質問に答えて、強制連行の証拠は見つかっておらず、性奴隷や二〇万人といった事実は存在しないことを明確にしました。また、海外の報道でも、「正しくない事実に基づく誹謗中傷がある」と述べ、政府として、これらの虚偽を明確に打ち消していく考えを示しました。

まさにここが、慰安婦問題の本質であると言えます。虚偽の情報が海外報道を通じて広がっていることに対して、「それは事実ではない」と総理自らが歴史認識問題に取り組むことを明らかにしたわけです。

安倍さんと話していて、私はこの人は「嘘によって日本の先人たちが誹謗中傷されているのに、なぜ怒りがわかないのか。自分たちは戦前の日本と関係ないと思っているのか。日本が貶められたら怒るというのは当たり前のはずなのに、今の外交官たちは間違っていると考えていることがよく分かりました。

阿比留　私が政治部に配属になったのは一九九八（平成一〇）年七月です。ちょうど「チーム安倍」が立ち上がったあとでした。その頃は、安倍さんと衛藤さんが肩を並べて歩いていても、衛藤さんのほうが少し兄貴分という感じでした。

若手議員たちの会合に河野洋平さんを呼んだとき、河野さんは強制連行の物的証拠がなかったことを認めていました。「皆さんが一番問題と考えて指摘しておられる、その女性が強制的に連行されたものかどうかということについては、文書、書類ではありませんでした。女性を強制的に徴用するといいますか、本人の意思のいかんにかかわらず連れてこい、というような命令書があったかと言えば、そんなものは存在しなかった」と、述べているのです。

そこで安倍さんが質問をして、「それが直接、わが国の場合は教科書にまで載るということになってしまったわけです。われわれとしてはやはりもう一度この検証をちゃんとするか、また事実として確定していないということであれば、事実として確定していないということにしなければいけない」と指摘しました。

そして、やはり「若手議員の会」の一員だった菅義偉さんが自分の内閣において、強制連行は正しくないので「従軍慰安婦」という言葉は使うべきではないという政府答弁書を決定されたわけです。この一連の流れの中に「今」があると思います。

一人で戦った安倍総理

阿比留　第一次政権の発足直前、安倍さんを熱心に支持してきた保守派が敵になる可能性があるという見方がありましたが、それは予想通りになりました。総理に就任すると、一定の制約が生じ、すべての問題を一度に解決できなくなります。彼らはそれに失望して、安倍さんに対して怒り出す人が現れたのです。

彼らは短兵急に結果を求めて、安倍政権を消耗させてしまいました。安倍さんは河野談話や村山談話を継承すると公言した後、「就任して直ちにこれらの談話を否定したら、公明党の存在や自民党内の勢力関係を見ても、政権はすぐに倒れてしまう。保守派からの批判は避けられないが、私たちは冷静に現実の政治情勢を見極め、今は着々と力をつけ、じわじわと切り崩していくしかない」と述べていました。安倍さんは常に政治情勢を冷静に判断し、一歩ずつ前進することを考えていたのです。

しかし、評論家の西尾幹二氏や漫画家の小林よしのり氏などさまざまな人々が、安倍さんをぼろくそに言い始めたのです。安倍さんは「堪え難きを耐えて、政治を進めなければならない」と語っていましたが、多くの保守派は安倍さんを守ろうともしませんでした。

安倍さんは一人で戦わなければならない状況が生まれてしまったのです。

さらに、海外でも安倍叩きが始まりました。

二〇〇七（平成一九）年三月一日に、安倍さんが強制連行について、「それを証明する証言を裏づけるものはなかった」と記者団に語ったのですが、それをアメリカのAP通信などが世界に配信して、海外メディアで異常な安倍批判が起きました。当時、AP通信の記事を読んだ外務省幹部は、記事中に七、八カ所で事実誤認または誤解がある、と言っていましたが、最初から決めつけたような記事でした。そして、安倍さんに「歴史修正主義者」というレッテルを貼ったのです。

それでも安倍さんは同年三月一六日の閣議で、「慰安婦問題については、政府が発見した資料の中には軍や官憲によるいわゆる強制連行を直接示すような記述も見当たらなかった」として「狭義の強制性はなかった」と政府答弁書を決定しました。これは過去の政府答弁と同じ趣旨で、すでに当たり前のことです。

けれども、内外のメディアは無知や偏見に基づく誤解曲解で、激しい批判を繰り広げたのです。ニューヨークタイムズ、ロサンゼルスタイムズ、CBSテレビなどは安倍さんを「極右」だと書き、二〇〇七（平成一九）年のアメリカの対日非難決議案をめぐっては、シーファー駐日大使も「彼女たちは売春を強制されたと思う。旧日本軍に強姦されたということだ」などと根拠のない発言を行っていました。

あのときに、安倍さんの苦衷と考えを理解して支える人は本当に誰もいませんでした。保守系の議員の中にはかえって過激になってしまって、相手をさらに刺激するようなことを言うような人も現れました。安倍さんとしては非常に苦しかっただろうと思います。

西岡 日本政府の立場を分かっていない一部の人たちは「河野談話を破棄せよ」と主張していましたね。しかし、河野談話でも、権力による強制連行は認めていないのです。河野談話は、慰安婦の募集は主として民間業者が行い、募集には本人の意思に反する部分があったとしています。一方で、本人の意思に反する募集に、「官憲等が直接加担したことが明らかになった」とも書いてあります。そうしたら、本人の意思に反する募集に官憲が直接加担したのだから強制連行ではないか、と言われてしまうのです。

河野談話の表現はこのようになっています。

「慰安婦の募集については、軍の要請を受けた業者が主としてこれに当たったが、その場合も、甘言、強圧による等、本人たちの意思に反して集められた事例が数多くあり、更に、官憲等が直接これに加担したこともあったことが明らかになった。また、慰安所における生活は、強制的な状況の下での痛ましいものであった」

このうち、河野談話が認めた強制は、「業者による本人たちの意思に反する募集」と「慰安所における生活」の二つです。公権力による強制連行は認めていません。

では「官憲等が直接これに加担した」という部分はどうなのか。読み方によっては強制連行を認めたように誤解されますが、談話を出した内閣官房ではこの表現も「朝鮮での権力による強制連行を認めたものではない」と公式に説明されています。

これはインドネシアでのスマラン事件を引き合いに出したものです。安倍さんたちの「若手議員の会」の会合で、内閣官房の幹部が私の質問に答えてそう答弁しました。つまり、それを河野談話に書いてしまったので、あたかも朝鮮で強制連行があったようになっているように見えるのです。事実はそうではありません。韓国から「強制連行があったことを何が何でも認めよ」という理不尽な要求に直面して、反論もせずに一方的に発出されたのが河野談話だったと当時の官房副長官だった石原信雄さんは証言しています。

つまり日韓関係の悪化を懸念した日本政府が、反日勢力に迎合して曖昧極まりない表現を意図的に使ったのがこの河野談話なのです。

私は河野談話を破棄するのではなく、上書きが必要だと主張しています。河野談話はこう読めと書くべきだと思います。私たちは安倍さんを守ろうと、英文の文書を作成して、日本会議の大原康男先生たちとアメリカ大使館に行って、安倍総理の答弁内容を説明したりしました。国際広報を強化しなければ、安倍さんは「歴史修正主義者」だと言われ続けてしまいます。一生懸命にやったのですが、なかなかアメリカ側に理解してもらえないし、日本の保守派な人たちからも理解してもらえませんでした。

「アベの謝罪」の真相

阿比留　今でこそ強制連行の証拠はないということは、日本では常識となっています。しかし、かつては強制連行が行われたことがすべての前提になっていました。

朝日新聞の社説は、一九九二（平成四）年一月一二日付社説「歴史から目をそむけまい」では、強制連行を事実として断言していたのに、九三（平成五）年三月二〇日付「日本の道義が試されている」では強制連行説が旗色が悪くなってきたため、強制連行はあっただろうとの推測にさりげなく後退させました。九七（平成九）年三月三一日付「歴史から目をそらすまい」になると、今度は強制連行の有無は問題ではないとすり替え、二〇一四（平成二六）年六月二一日付「問題解決の原点に返れ」では強制連行自体に触れなくなり、同年八月五日付の一面論文で焦点は女性の人権問題だとはぐらかすに至るのです。

西岡　九二〈平成四〉年一月一二日の朝日新聞の社説では、挺身隊の名で強制連行されたと言っていました。挺身隊の名で強制連行されたなどと社説で書いたのは朝日新聞だけですよ。

過去には他紙も騙されて強制連行と書いていました。しかしそれは吉田清治が女子挺身隊として連行したと主張し、金学順さんが慰安婦だったと名乗り出て、セットで「女子挺身隊は強制連行だった」というフィクションを朝日新聞が作ってしまったからです。それが国際社会にも拡散して、国連のクマラスワミ報告書に書かれてしまったのです。

その後、朝日新聞は主張をだんだん後退させました。われわれは論争に勝ったと思っていました。ところが、残像が世界中に拡大してしまいました。そうした中で第一次安倍政権が苦しめられたという構造です。

阿比留　そうですね。例えばブッシュ大統領が、「アベの謝罪をアクセプトした〈受け入れた〉」などといい加減なことを言ってしまったために、保守派の間で安倍はダメだという大合唱が始まっていきました。

二〇〇七〈平成一九〉年四月二八日付の産経新聞朝刊一面に、「慰安婦問題　大統領『謝

罪受け入れ』」という見出しの記事が掲載されたことがあります。当時のブッシュ大統領が初訪米した安倍さんと首脳会談後の共同記者会見で、慰安婦問題について日本の記者から質問され「首相の謝罪を受け入れる。大変思いやりのある率直な声明だ。過去からの教訓を得て国を導くのがわれわれの仕事だ」と語ったからです。安倍さんに同行して、ワシントンのプレスルームでテレビを見ていた私は、耳を疑いました。そんなことを総理が言うわけがないじゃないかと。

しかし、確かにブッシュ大統領は安倍総理がアポロジャイズ（謝罪）したと言ったのです。おかしいと思ったのですが、日本の政治部に電話したら「安倍はブッシュに負けたんだよ」と政治部長の怒鳴り声が返ってきました。

他紙もこれを大きく取り上げて、国内からは「屈辱的な謝罪外交だ」と批判が噴出し、安倍さんのイメージは失墜しました。

訪米の後、次の訪問地である中東諸国に到着し、カタールの首都ドーハで、総理との内政懇が行われました。そこで「日米会談での総理の慰安婦発言が、報道ではまるで米国に謝罪したかのようになっている。元慰安婦に謝罪するならまだ分かるが、アメリカに謝罪するとなると意味が分からない」と質問したのです。すると、安倍さんは明確に「アメリカに謝罪したということではまったくない。そんなことは当たり前だ」と答えました。

私はまだ心に引っかかっていたので、帰国してから直接、安倍さんに電話して聞いてみたのです。それで真相が分かりました。

首脳会談の冒頭、ブッシュ大統領から「ミスター・アベ、今日は慰安婦問題と米国産牛肉の対日輸出の件は話をしたことにしておこう」と言われたのだそうです。つまり双方にとってややこしい話題は避けて、対外的には議論した形で口裏を合わせようというブッシュ大統領からの申し入れがあり、「了承した」と安倍さんは答え、話はたった二秒かそこらで終わったのだそうです。ところが、なぜかブッシュ大統領は記者からの質問に「謝罪を受け入れたから、これでいい」と言ってしまいました。

ブッシュ大統領という人は結構、アバウトな人です。前年にベトナムの首都ハノイで日米韓三カ国首脳会議が開かれたときも、「ミスター・アベ、面倒だから盧武鉉《ノ・ムヒョン》とは朝鮮半島の話はしないでおこう」と述べたことがありました。韓国の大統領と、朝鮮半島の話はしないというのだから驚きます。

ブッシュ大統領は慰安婦問題の機微など知らず、自身の言葉がどのような影響を及ぼすか、よく分かっていなかったのではないかと思います。そんないい加減なことを言ってしまったために、安倍はダメだという大合唱が始まりました。その五カ月後に、安倍政権が崩壊するとは夢にも思いませんでしたが。

リーダーには同志が必要

西岡　だから安倍さんは第二次政権が発足したとき、やっぱり歴史戦は組織を作って戦わなければいけないと考えたのですよね。補佐官には自分のもっとも信頼できる衛藤晟一さんを任命し国事担当にしました。国事担当というのは歴史問題や皇室問題、靖国問題など国の重要政策を担います。河野談話や村山談話をどうするか、衛藤さんのところで検討することになりました。

前にも述べましたが、衛藤補佐官はセカンドオピニオンを出すことを考えました。私は補佐官に「談話は官房長官の担当だから、『河野談話は間違っていない。河野談話と第一次安倍政権の閣議決定は矛盾せず、両立する』という新しい官房長官談話を出すべきだ」という提案をしました。そして私案を書いて、官房長官だった菅さんのところに持って行ったりしました。

ちょうど韓国の憲法裁判所が慰安婦問題に関して外交交渉をしないことは韓国政府の不

作為だとする判決を下した後で、日韓の間で外交交渉が再開されていました。外交関係を優先する必要があったためか、新官房長官談話は出ませんでした。

しかし二〇一五（平成二七）年の一二月に慰安婦日韓合意が発表され、翌年一月に、参議院予算委員会で安倍総理の「強制連行の証拠はない。性奴隷と二〇万人は間違っている」という答弁が出され、国際社会に広がる誹謗中傷に対処するという方針が決まったのです。

一九九七（平成九）年に安倍さんを中心に「若手議員の会」が結成され、二〇一六（平成二八）年の参議院の答弁で政府の方針として実現するまで、本当に「歴史戦」を戦うには時間がかかることを痛感しました。

あるとき安倍さんだったか衛藤さんだったかが、「国というのはタンカーのようなもので、動きには惰性がある。それまでの惰性を変えようとしても、ゴムボートとは違い、舵はかなり重い」と言ったことがあったのです。それまでは「総理になれば、すべてができる」と思われていて、安倍さんが動かないことに、イライラすることがありました。しかし、その説明を聞いて、「ああ、国というのはそういうものなのだな」と思ったことがあります。

阿比留　先ほど、第一次安倍政権で「狭義の強制性はなかった」という答弁をしたときのことについて述べました。このとき、朝日新聞の記者が塩崎恭久官房長官の記者会見で、「安倍首相は広義だとか狭義だとか言っているが意味が分からない。もっとはっきり分かるように書くべきだ」という質問をしたことがあります。

西岡　広義とか狭義というのは朝日新聞がつくった言葉ではないですか。

阿比留　その通りです。もともと強制性に関して、いわゆる「狭義の強制性（直接的な強制連行）」だけでなく「だましたり前借金で拘束したことなどが広義の強制連行にあたる」と言い出したのは、強制連行説を訴えていた吉見義明中央大学教授です。それに飛びついて広めたのが朝日新聞ですよ。

二〇一四（平成二六）年八月五日に朝日新聞が慰安婦報道の誤報を認め、吉田清治氏の関連記事一六本を取り消しましたが、その後の「朝日新聞社第三者委員会　報告書」でもそのことは指摘されています。朝日が「狭義の強制性」を前提として記事を作っていながら、強制連行の証拠が見つからないと分かると本人の意思に反する「広義の強制性」こそが問題だと主張しだしたことについて、こう書かれていましたよね。

「『狭義の強制性』を大々的に、かつ率先して報じてきたのは、他ならぬ朝日新聞である」

「『狭義の強制性』に限定する考え方を他人事のように批判し、河野談話に依拠して『広義の強制性』の存在を強調する論調は、（中略）『議論のすりかえ』である」

自分たちが利用したくせに、安倍さんがその言葉を使うと批判するわけです。安倍さんはわざと嫌みで使ったのだと思いますが、不勉強な朝日新聞の記者には皮肉も通じなかったというわけです。

ただ、塩崎さんは慰安婦問題にあまり関心がなかったから、相手に有効な反論ができませんでした。第一次安倍政権のときはとくにそういう質問や国会質疑が多くて、他の誰も答えられないからすべての矢面に安倍さんが立たされました。周りに安倍さんを支えることができる人がいなかったから、きつかったと思います。

第一次政権では、安倍さんを補佐したり、安倍さんに代わって答弁したり、スピーチライターになる人もいませんでしたね。

第一次政権時代の終戦の日を控えた八月一四日、深夜一二時近くでしたが、安倍さんから電話がありました。「さっき秘書官から明日の全国戦没者追悼式の式辞の原稿が上がってきたんだけど、確か『心ならずも命を落とした方々』という表現は保守派の評判が良くなかったよね」と聞かれました。前任者は小泉時代の言い回しをそのまま踏襲していたのです。私が「ええ。保守系文化人や議員の中には自ら覚悟して命を捧げた戦死者に対して『心ならずも』と決めつけるのは失礼だという批判があります」と答えると、安倍さんは「分かった、ありがとう」と言って電話を切りました。翌日の追悼式では式辞原文の「心ならずも命を」の部分が「かけがえのない命を」に改まっていました。

安倍さんが細かい言葉づかいの一つにまで自ら手を入れていたことは、安倍さん自身の徹底したこだわりがあったからですが、同時に私は、周囲に完全に任せられるスタッフが不足していることを感じました。

だから衛藤さんは、第一次安倍政権が幕を閉じたときに「われわれは安倍さんを単騎突撃させ、討ち死にさせてしまった」と言ったのです。小泉さんには安倍さんがいましたが、安倍さんには安倍さんがいなかったということです。私は何度もそのことを痛感しました。

リーダーには、同志が必要です。安倍さんは首相に就任する前は、党内保守派のリーダーであり、まとめ役であり、推進役でもありました。しかし、首相に就任した後、安倍さんが担っていた党内の役割を果たすことができる者が不在になってしまいました。特に、郵政選挙で仲間が抜け落ちたことが大きかったと思います。

結局、安倍さんはすべての矢面に立ち、一人で論陣を張って戦うことになってしまったのです。

「ネットがなかったら」

西岡　マスコミからの狙い撃ちもありましたしね。

第一次政権のとき、中川昭一さんが政調会長を務めていましたが、例えば核について議論することを提案しただけで、激しい攻撃を受けました。中川さんが大臣に就任すると、大臣の所管とはまったく関係のない慰安婦問題について朝日新聞が執拗に見解を問いただして、「強制連行を認めなかった」と見出しを立てるのです。すると中川さんは韓国から激しい攻撃を受け、マスコミはそれを使って大臣の辞任まで追い詰めようとする。そういうことをマスコミは仕掛けようとしていましたから。

阿比留　そのような閣僚一人ひとりに歴史認識を問うようなことはなくなりましたが、靖国に行きますか、行きませんかという質問はまだやっています。

慰安婦問題で言えば、秦郁彦さんが済州島に行って調査し、その結果、強制連行の証拠はないことが明らかになりました。これを聞いた産経新聞記者で私には恩師に当たる石川水穂さんが、一九九二（平成四）年四月の段階で、社会面トップで記事を書きました。朝日新聞はそれを黙殺しましたが、もしネット時代の今だったら、とんでもない騒ぎになっていたと思います。朝日新聞もその時点で検証せざるを得なかったでしょう。

やはりインターネットの力ですね。安倍さん自身も「ネットがなかったら私の政権はとっくに倒れていた」と話したことがあります。とくに朝日新聞やその系統のマスコミはどんなに丁寧に接したとしても、敵に回ってきます。だから安倍さんは覚悟の上で、世論に訴えることを考えていたのでしょう。味方が産経ぐらいじゃ弱すぎるから（笑）、世論のほうに訴えることを考えていたんでしょうね。第一次政権のときに安倍総理が記者団のぶら下がりのときに、カメラ目線で話したら、カメラ目線が気持ち悪いと馬鹿にされたけど、あれも国民に直接語りかけたいという意識の表れでした。安倍総理は国民に直接話がしたいという意識は非常に強かったんだと思いますよね。それは、大叔父の佐藤栄作さんが退陣時の記者会見で新聞記者を退出させ、テレビだけ残して直接国民に語りかけたのと相通じます。

西岡　第二次安倍政権になって、やはり一番大きかったのは、二〇一四（平成二六）年の朝日新聞誤報の認定ですね。ネット社会になって、朝日新聞が誤報したために慰安婦についての日本の名誉が傷つけられたという批判がじわじわと広がっていきました。

反安倍の急先鋒の朝日新聞が、嘘の吉田清治証言で批判を浴び、さらに東京電力福島第一原発の吉田昌郎元所長に対する聴取記録「吉田調書」で「所員の九割が命令違反で撤退した」と誤報をして、大変な非難にさらされました。これで慰安婦問題についてもやはり朝日新聞はおかしかったのだということが世間に明らかになりました。その後、左派は女性の人権問題だと言い換えるようになったのです。

しかし一四（平成二六）年八月五日付の朝日新聞を見ると、誤報したことへの反省が述べられているものではありません。「慰安婦問題が政治問題化する中で、安倍政権が河野談話の作成過程を検証し、報告書を6月に発表」したとしてこう書いています。

〈一部の論壇やネット上には、「慰安婦問題は朝日新聞の捏造（ねつぞう）だ」といういわれなき批判が起きています。しかも、元慰安婦の記事を書いた元朝日新聞記者が名指しで中傷される事態になっています。読者の皆様からは「本当か」「なぜ反論しない」と問い合わせが寄せられるようになりました〉

だから今回、検証したのだ、と。これは私への挑戦だなと思いましたね。

阿比留　謝罪なき検証で、火に油を注ぎましたね。知人の元朝日新聞記者、青木剛さんはその後の展開を見て旧日本軍がやった「戦力の逐次投入」ならぬ「謝罪の逐次投入だ」と上手いことを言っていました。

朝日の「従軍慰安婦」報道

西岡　慰安婦問題は、一九九一（平成三）年一二月に最初に慰安婦を名乗り出た金学順さんらを原告にした裁判を高木健一弁護士らが起こしたことで注目されるようになりました。これが日本政府を相手に損害賠償を求める慰安婦訴訟の第一号です。

当時は産経新聞を含む日本中が強制連行はあったのだと騙されました。

この訴状の根拠となったのは、吉田清治という人物の証言です。彼は一九八三（昭和五八）年発行の『私の戦争犯罪　朝鮮人強制連行』（三一書房）の中で、「私は朝鮮人に対して『ドレイ狩り』を行った」と告白していました。加害者がやってもいないことを「やった」と嘘をつくのは考えにくいことです。

しかし、加害者は出てきたものの、被害者は出てきませんでした。そうしたら、朝日新聞が金学順さんを強制連行の被害者だとする捏造をしたのです。裁判を起こす三カ月前の九一（平成三）年八月一一日に、朝日新聞が世界で最初に金学順さんについてこう書きました。

〈日中戦争や第二次大戦の際、「女子挺身隊」の名で戦場に連行され、日本軍人相手に売春行為を強いられた「朝鮮人従軍慰安婦」のうち、一人がソウル市内に生存していることがわかり、「韓国挺身隊問題対策協議会」（尹貞玉・共同代表、十六団体約三十万人）が聞き取り作業を始めた〉

これは記事のリード部分なのですが、ここには「慰安婦」と「女子挺身隊」という二つの言葉が出てきます。しかし当時、日本は国家総動員法に基づき勤労動員を行っており、「挺身隊」はその一環として女性を軍需工場などに勤労動員する組織で、「慰安婦」とはまったく関係がありません。後にこの点を指摘された植村隆記者は、「当時、慰安婦と女子挺身隊という用語が混同されていたため、朝日新聞もそれに従っただけであり、われわれは意図的な捏造を行ったわけではない」などと釈明しました。

しかし、この記事は「女子挺身隊」の名で戦場に連行された元慰安婦が生きていたと書かれています。つまり、金さんは「女子挺身隊」の名前で戦場に連行され、日本軍相手に売春行為を強いられた「朝鮮人従軍慰安婦」だということです。

しかし、金学順さんが「女子挺身隊の名で戦場に連行された」と証言したのかというと、そうではありませんでした。一九九二（平成四）年二月、月刊誌『宝石』に、左翼の運動家である臼杵敬子氏が執筆した金学順さんら慰安婦への長いインタビュー記事が掲載されました。インタビューは、彼女を支援していた人物によって行われたものですが、金学順氏は「四十円で妓生（キーセン）に売られた」と述べており、女子挺身隊という国家制度で連行されたとは話していませんでした。

つまり、金学順さんが貧乏のために妓生に身売りしていたわけです。その後、金学順さんが九一（平成三）年一二月に提出した訴状でも同様の記述があり、「まるで、日本中が騙されているのではないか」と私は驚きました。

九二（平成四）年に宮沢総理が訪韓して謝罪を繰り返した後で、私の師匠である田中明拓殖大学教授と、私の上司だった佐藤勝巳現代コリア研究所所長が月刊『文藝春秋』で「『謝罪』するほど悪くなる日韓関係　実りなき宮沢訪韓を叱る」（九二年三月号）という対談を行いました。二人は「補償は二国間協定で終わっている、韓国の謝罪要求とそれに応じる日本側の謝罪の繰り返しにより、日本人の間で反韓感情が広がっている」ことを指摘して、慰安婦裁判はもともと日本人が起こしたことに触れたのです。

それに韓国からは「けしからん」と激しい批判が来たのですが、『文藝春秋』の白川浩司編集長は「これは調査報道しなくてはいけない。西岡、やらないか」と言って、私に調査を依頼しました。最初私は「調査をやったら学者生命がなくなるのではないか、女性の問題だし、慰安婦強制連行があったことをみんな信じている」と躊躇しましたし、田中先生からも「やめておいたほうがいいのではないか」と言われました。でも、田中先生は「朝鮮問題は頭でやるのではない、腹でやるのだ」と言うのが口癖だったので、私は「勇気がなければ朝鮮問題はやってはいけないと言っているのに、『西岡、やるな』と言うのは、『お前には腹がない』と言われているのと同じだ」と思いました。そして腹を括ってソウルまで取材に行ったのです。

白川編集長は「日本中から人非人と言われてもやりましょう」と言って、私の担当編集者に、後に直木賞作家となる白石一文さんをつけてくれました。私の下に白石さんがいて、さらにフリーの記者が何人かつくという布陣でした。「この人のインタビューを取ってきてほしい」と言うと、記者たちがインタビューを行い、そのテープを私に上げてきました。

そうして調査を始めると、「植村記者は、日本政府を相手に裁判を起こしている遺族会の幹部の義理の息子で、利害関係者だ」という情報が入って来たのです。それを確かめるために裁判の原告組織である「太平洋戦争犠牲者遺族会」の事務所に行き、常任理事の梁順任《ヤン・スニム》さんにインタビューをしました。いろいろと話をする中で、「ところであなたのお婿さんは朝日新聞の記者ですか」と尋ねると、「そうだ」と言ったのです。それで植村記者は遺族会のリーダー的存在である梁順任さんの娘と結婚しており、義理の息子だったことが分かったわけです。

ああ、これで原稿が書けたと思いましたね。ふと見ると、事務所のホワイトボードに、来週、高木健一弁護士が来るという予定が書かれていました。もし高木弁護士が私よりも先に来ていて、西岡という名前を聞いたら、「取材に応じるな、絶対会うな」と言ったかもしれません。

阿比留　植村記者は私のインタビューで、学生時代から高木健一事務所に出入りしていたと明かしています。高木氏は別件のサハリン残留韓国人訴訟で、吉田清治を証人として呼んでいますね。私はインドネシアに慰安婦問題取材に行った際とサハリンに行った際、それぞれ取材相手が高木氏の名前を口にしたのに驚きました。世界をまたにかけて、火のないところに火をつけて回っていたのです。

日本人が「性奴隷」を広めた

西岡　少し話が横道に逸れますが、どうしても忘れられないのは、宮沢訪韓の直前に韓国の通信社が一二歳の小学校六年生の女の子までが女子挺身隊として動員され、性の慰み者にされたという記事を報じたことです。女子挺身隊というのは勤労動員です。私が調べたところ、女の子の派遣先は慰安所などではなく、富山県の軍需工場でした。

私は記事を書いた記者と会って、「あなたは勤労動員だと知っていただろう。なぜそれを記事に書かなかったのか。今、韓国の国民は一二歳の子どもが性の奴隷にされたと怒っているじゃないか。この記事は事実じゃないだろう」と問いました。すると、記者は「そうだ。私はもう慰安婦の記事は書かない。この問題には闇がある」と答えたのです。

この記者によると、慰安婦のおばあさんたちを多数、取材したところ、どうやって連れて行かれたのかという話になると、みんな口ごもったと言うのです。慰安所に連れて行かれたあと、「ひどい目に遭った」とはよく話すのに、それ以前のことを訊くと、語ろうとしない。何かおかしいと感じて取材を進めていくと、女衒が関わっていたことが分かったわけです。しかも、それは朝鮮人の女衒だったのです。

その記者も最初の頃は、日本の戦争犯罪はけしからんと思っていたそうですが、真実が分かってもそのままにしていたのは、本当のことを書いてしまうと韓国社会の中で自分自身が非難されてしまうと心配になったからだそうです。当時の韓国は左派が全盛期であり、今では考えられないような強い社会的圧力が存在しました。

阿比留　「強制連行」の報道をめぐっては、朝日新聞の当時のソウル特派員だった前川恵司さんも「すぐに訂正が出るだろうと思った」と、慰安婦報道を検証した本（『朝日新聞元ソウル特派員が見た「慰安婦虚報」の真実』小学館）に書いていますね。

西岡　二〇一四（平成二六）年まで訂正は出なかったわけですけれどもね。

話を戻すと、そうして私は『文藝春秋』（九二年四月号）に「『慰安婦問題』とは何だったのか」という韓国人女性を女子挺身隊の名で連行したというのは嘘で、それを報じた植村記者は、慰安婦の利害関係者だという記事を書きました。すると、拓殖大学の秦郁彦教授から電話がかかってきて、「あなたの書いた記事を読んで、高木弁護士に電話したんだよ。『もうすこし説得力のある慰安婦はいないのか』と聞いたら、『実は私もそう思って韓国へ探しに行ってきた。追加分は良いのばかりですよ』と言っていた」と話された。それで私が「彼らは女性を利用して反日運動に使っているだけで、彼女たちの人権を考えているわけではないようだ」と答えました。

秦教授は真相を調査するために韓国の済州島に出かけ、そこで決定的な証拠を見つけました。地元紙「済州日報」が掲載した許栄善記者の署名記事です。

吉田清治の本が一九八九（平成元）年に韓国語に翻訳され、それを読んだ許記者は、吉田証言の場所に行って取材をしました。ところが当時から貝細工工場などにいる海女さんたちはみんな「そんなことなかった、嘘だ」と否定して、いくら探しても証拠が見つかりませんでした。そこで「強制連行したことを裏付ける証拠がなく、波紋を広げている」という記事を書いたのです。

これで吉田証言はでたらめだったことが分かり、私たちは「強制連行」論争に勝つことができました。一九九二（平成四）年から九三（平成五）年にかけての第一次慰安婦論争は、権力による強制連行はなかったと主張する私たちが勝利しました。論争の結果を世の中に広く伝える広報活動は負けていた。しかし、一九九七年、安倍さんたちが戦いに加わり、国内では五分五分くらいになりました。

阿比留　手前みそになりますが、産経新聞と朝日新聞の慰安婦論争も産経が勝ったと自負しています。

西岡　こうして国内ではある程度、巻き返してきたのですが、左派は問題を海外にも広げていました。一九九二（平成四）年二月、戸塚悦朗弁護士がジュネーブの国連人権委員会に慰安婦問題を持ち込んで、国連がこれを取り上げるように働きかけを行ったのです。

戸塚弁護士は人権委員会の協議に参加できるNGOの代表で、三カ月に一回ぐらいジュネーブやニューヨークの国連本部などに出向き、慰安婦は「セックス・スレーブだった」として日本政府を激しく攻撃しました。「セックス・スレーブ（性奴隷）」という言葉は俺がつくったのだと自慢げに書いたりもしていますね。

それを受けて国連の人権委員会は一九九四年、女性に対する暴力に関する特別報告官にスリランカのラディカ・クマラスワミ氏を任命して調査を命じました。そして彼女が提出した嘘まみれの「戦時の軍事的性奴隷制問題に関する報告書」（クマラスワミ報告書）が採択され、国連が「性奴隷」説にお墨付きを与えてしまったのです。

その報告書は米下院議会やヨーロッパ議会に持ち込まれて、二〇〇七（平成一九）年七月に米下院議会、同一二月にはヨーロッパ議会で日本政府に謝罪を求める決議案が採決されました。これがちょうど第一次安倍政権のときです。

日本人はずっと慰安婦問題が国際化したのは、韓国が海外に文句を言っていたからだと思っています。実はそうではなく、裏には日本人が関わっていたのです。そして国際社会に対するアピールで、日本は負けてしまったのです。

阿比留　『日本の敵は日本人』（経済界）という前野徹さんの本がありますが、その通りですね。それも、その慰安婦問題で日本を貶めた日本人たちは相互に絡み合っている。

一〇億円という手切れ金

阿比留　第二次安倍政権になり、日韓は二〇一五（平成二七）年に「最終的かつ不可逆的に解決」することを約束した慰安婦合意を発表し、日本は元慰安婦支援のため設立する財団に一〇億円を拠出することを決めましたね。

西岡　この一〇億円拠出について、日本国内からは「韓国に金を出すのは、日本が責任を認めたことになる」という批判が上がりました。でも、あまり報道されていませんが、これまでにも日本はアジア女性基金設立後、元慰安婦の人たちに対して人道的な立場から、医療支援と称して年間数千万円の予算を支出していたのです。その公的な予算支出を打ち切ることを前提にそれまで政府がやってきたことをギリギリ超えないラインで、一〇億円の拠出を決めた。そうして日韓関係を正常化して、北朝鮮に対応しようとしていたのです。つまり、それまでも予算支出があったのですから、一〇億円を拠出したからといって日本政府が公的な責任を認めたことにはつながらないのですよ。

一方、日韓合意で私が一番、気がかりだったのは、その中に「今後、国連等国際社会において、本問題について互いに非難・批判することは控える」とされていたことです。韓国との外交問題が解決したなら、国際社会に広まっている慰安婦の強制連行や性奴隷という嘘を正さなければならない。慰安婦問題の本質はその点にあります。しかし、国際社会で相互批判を控えるということは、日本政府がこの問題に対して反論しないのかということになりますから。

阿比留　その一〇億円について、安倍さんは当初、ソウルの日本大使館前に設置された慰安婦像の撤去に合わせて支払おうと思っていました。

産経新聞の連載コラムにも書いたのですが、私は安倍さんに「一〇億円はさっさと渡して、完全にボールを韓国側に預けたほうがいい」と意見を述べたことがあります。つまり「手切れ金」だということです。すると安倍さんはこう答えました。

「私も最近、そう思うようになった。今回は世界も注目しているから、約束不履行で責められるのは韓国のほうだ」

日本政府は慰安婦合意の翌年夏、韓国政府が設置する財団に一〇億円を拠出しましたが、韓国側が合意を反故にしたため、失敗だったとの見方が出ました。

この件について安倍さんは『安倍晋三回顧録』（中央公論新社）でこう述べています。

〈確かに合意は破られてしまいましたが、日本が外交上、Moral High Ground（道徳的に優位な地位）になったのは事実です。国際社会に向かって一度合意したことで、私は先方と会う度に「君たち、ちゃんとやれよ」と言える立場になったわけですから〉

実はこの「道徳的優位」という言葉について、私は過去にも何度か記事で言及しているのですよ。「現状の韓国政府の不作為にしても、日本側にとっては当初から半ば織り込み済みのことだろう。それならばこっちは素早く一〇億円を拠出してしまい、あとは韓国側の合意不履行を責めて、道徳的優位に立った外交を行えばよかろう」「韓国メディアが好んで使う表現を用いれば、日本は『道徳的優位』に立っている。後はただ、韓国側の約束不履行について、高みから見下ろすように信義違反だと叱りつけ、約束実行を迫り続ければよい」と。

この道徳的優位という言葉を、私が最初に使ったら、韓国のマスコミが「日本に道徳的優位と言われた」とけっこう騒いでいました。

西岡　『安倍晋三回顧録』には、次のように書かれています。

〈2015年に韓国と慰安婦問題に関する合意を結んだ時も、保守派から「韓国に金を出すなんて、安倍は血迷ったのか」と厳しく批判されました。そういう中で、櫻井さんたちも苦しかったとは思いますが、しっかりと私を応援してくれました。櫻井さんは「このお金は、韓国との手切れ金だ」といった主張をして、保守派を宥めてくれた〉
櫻井よしこさんが「手切れ金」と言ったということになっているけれども、そう言ったのは実は阿比留さんだったのですね。

阿比留 その部分が気になって、櫻井さん本人にも確かめたのですが、実際に「手切れ金だ」と主張したのは私です。安倍さんからは何度か「あのとき阿比留さんがああいうふうに広めてくれたから、ずいぶん助かったよ」と言われました。今回、当時のメモを改めて探してみたのですが、例えば二〇一七（平成二九）年一月一一日には、安倍さんは「阿比留さんが言った通り、一〇億円を払っておいてよかったよ。これは韓国じゃなくて、国際社会との対話だから。韓国野党は一〇億円を返すとか言っているけど、絶対受け取らないから」と語っていました。また、その一〇日後の一月二一日には「もう一〇億円の手切れ金を払っているのだから、文句を言われる筋合いはない」とも。

日韓合意前後は毎日、安倍総理と電話で話していたのですが、合意が決まったときに非常に印象に残った言葉があります。安倍さんは「これで韓国が『強制連行』という言葉を使わないということを外相レベルで合意した。これは大きい」と言ったんですね。でも、発表文を見たらそれがなかったので、どういうことなんだろうとずっと思っていたのです。そして文在寅政権になって、日韓合意を検証したら、そこにその文字が出てきたんですよ。

西岡　「性奴隷」も使わないというのもね。

阿比留　そうです。今でも一〇億円拠出を批判する人がいます。しかし政治や外交においては一〇〇対〇で勝つことはありません。外交では十分に勝っていると思いますから、拠出は良かったと思っています。

慰安婦合意に向けては、谷内正太郎国家安全保障局長が水面下で交渉にあたりました。安倍さんは、谷内さんに何度も「騙されるなよ」と言ったそうです。谷内さんの相手は、李丙琪韓国大統領秘書室長でした。

李丙琪さんが谷内さんに「信じてくれ、男と男の約束だ。これで慰安婦像を撤去できる」と言ったので、「そこまで言うなら合意を結ぼう。その代わり、ここまでやって韓国側が裏切ったら、もう韓国は国際社会で終わりだぞ」と念を押したのです。しかし、合意を反故にされたことで、日本側はこの問題では韓国を相手にしないという姿勢を貫いているわけです。

西岡　その李丙琪さんが文在寅政権に代わったら、逮捕されてしまいました。韓国とはそういう相手なのだと思って、付き合うしかありません。

阿比留　もはや慰安婦問題は日韓間の政治問題ではなく、韓国の国内問題ですからね。それが慰安婦合意の成果だと私は思っています。つまり、これからの日本の首相は、安倍さんの言葉を借りれば、慰安婦問題の「い」の字も言わなくて済むことになったのです。

合意にあたって、安倍総理はアメリカを立会人につけることを考えていました。そのため、岸田外相と韓国の尹炳世外相との合意発表をテレビの前で行わせたのです。安倍総理は「以前とは違って、今回は国際社会が注目しているから、世界が証言者になる」と言っていました。韓国がいつものように合意を覆そうとしても、はっきりと世界中が見ているわけです。

慰安婦問題や靖国問題について、オバマ政権は、最初は韓国に偏った立場をとっていましたね。彼らは韓国が日本と戦争をしていないことを知らず、勝手に歴史の被害者だと思い込んでいたのです。当時の外務省幹部は「日本のほうがお兄ちゃんなのだから、韓国に少し譲歩してやれ」とアメリカ政府側から言われたと話していました。

しかし、韓国でオバマ大統領の友人である駐韓大使が襲撃されたり、アメリカと直接関係のない歴史陳情を繰り返したりしたため、アメリカはようやく韓国はおかしいことに気が付き、日本の意見を受け入れるようになりました。自己都合を当たり前のように押し付けてくる韓国に、「韓国疲れ」を起こしたのです。

そのため、安倍さんはトランプ政権に変わったときに「また大統領が変な人だったら、再び最初からやり直さなければならないな」と心配していました。

菅義偉総理の功績

西岡　ちなみに、菅義偉前総理も歴史戦で功績がありましたね。

阿比留　意外に知られていませんが、菅義偉前総理も『歴史教科書への疑問』の中で、このように書いています。

〈有識者の皆さまの検証によって、「従軍慰安婦」の強制連行など実際にはなかったことが明らかになっているにもかかわらず、それが堂々と中学生の歴史教科書に載っているのは、非常に問題であります。（中略）わが国の近代について、青少年にゆがんだ認識を与え、誤った国家観をいだくことを助長することは、もっと問題であります〉

西岡　二〇二一（令和三）年四月に日本維新の会の馬場伸幸さんから、「従軍慰安婦」という言葉の使用が適切かどうかについての質問主意書が出されたとき、菅義偉政権が答弁書を閣議決定し、次のように「従軍慰安婦」という表現は適切でないとしたのです。

〈政府としては、「従軍慰安婦」という用語を用いることは誤解を招くおそれがあることから、「従軍慰安婦」又は「いわゆる従軍慰安婦」ではなく、単に「慰安婦」という用語を用いることが適切であると考えており、近年、これを用いているところである〉（令和三年四月二七日）

さらに、戦時中の徴用工について、「強制連行」「強制労働」はふさわしくないという答弁も出されて、それが教科書の検定基準になったのです。

ところが少し油断をしている間に、再び歴史教科書に「従軍慰安婦」という言葉が入ってしまいました。検定の段階で「従軍慰安婦」という言葉に対して意見を付けていなかったのです。そのため、当時、文部科学大臣だった萩生田光一さんは安倍さんを裏切ったのではないかと保守派から批判を受けたことがありましたね。

でもおそらく、萩生田さんは、いわゆる「近隣諸国条項」をどう無効化するかに知恵を絞ったのです。

一九八二（昭和五七）年に歴史教科書で「侵略」が「進出」に書き換えられたと日本のマスコミが誤報したため、中国と韓国が日本政府に抗議してきました。教科書問題です。

そのとき当時の宮沢喜一官房長官は「教科書検定基準を改め、近隣諸国との友好・親善に配慮する」との談話を発表して「近隣諸国条項」が作られたわけです。

この「近隣諸国条項」を破棄するのはハレーションがあるからだと思いますが、第二次安倍政権では閣議決定や政府決定、最高裁の判決が出た場合には、それを基準にして検定意見が付けられることになった。その後、萩生田文科大臣が菅内閣の閣議決定を各教科書会社に通知し、教科書の訂正が行われたのです。だからこのとき、多くの教科書で表現が変わったのです。

官邸の中の副長官補室があり、木原稔首相補佐官と文科省と外務省は話をしながら、この閣議決定を作ったわけですね。この枠組みは安倍さんが作ったものですけれども、菅さんもよくわかっているから通ったのだと思いますよね。これは大きいのですよ。

教科書側は今も河野談話を引用する形で、「従軍慰安婦」という言葉を残そうと、姑息なことをしていますけれども、この枠組みは大きいと思います。

阿比留　萩生田光一元文部科学相は、自民党議員に質問させるとわざとらしくなるので、維新に協力してもらったという趣旨のことを私に語っていました。

第六章　反論する国

「七〇年談話」を批判することは

阿比留　二〇一五（平成二七）年八月に発出された安倍総理の「戦後七〇年談話」にあたって、歴史戦担当だった兼原信克官房副長官補が自腹で一〇〇万円ほど歴史関係の本を買い込み、徹底的に読み込んで勉強しました。日本の近現代史は安倍家のファミリーヒストリーでもあります。安倍さん自身も歴史に大変に詳しく、記憶力がいいですから、談話の作成は練りに練り上げたものでした。

安倍さんは、早い段階から西ドイツ大統領だったワイツゼッカーが、敗戦から四〇年目の一九八五年に行った演説「荒れ野の四〇年」に着目し、参考にすることを決めていました。その演説では、「自分自身が手を下した行為に関しては自己告白することができるが、自分自身が行わなかった行為については自己告白することはできない」「ドイツ人であるだけで、質素な衣服を身に着けて悔い改めることを求めることは、感情を持った人間にとっては不可能である」という内容が述べられていました。

それを骨格にして、談話では日本人が未来永劫謝罪を続ける必要はないことを示しました。安倍さんは「談話はこの演説を下敷きにした。そのため、談話を批判することは、この演説を批判することになる」と言っていました。

安倍談話では、こう述べられています。「日本では、戦後生まれの世代が、今や、人口の八割を超えています。あの戦争には何ら関わりのない、私たちの子や孫、そしてその先の世代の子どもたちに、謝罪を続ける宿命を背負わせてはなりません」。

実は、談話が記者会見で発表される八月一四日の午後、私は官邸クラブにいたのですが、急に首相執務室に呼ばれました。執務室のある五階には記者は入ることができませんが、特別に通してもらったのです。安倍さんは一人で机の前に座っていて、私が来るとソファに移動し、「七〇年談話」の全文とワイツゼッカーの演説を抜粋した紙を私に渡して、直接、意図を説明してくれました。そのとき、安倍さんが言ったのは、「子供たちを謝罪の宿命から解放したい」ということでした。

西岡　その点はよく理解できます。岸田首相も今年三月、韓国が戦時労働者問題での謝罪を求めてきたとき、「歴史認識に関する歴代内閣の立場を全体として引き継いでいる」として、これ以上謝罪しないとした安倍談話を継承しましたね。ただし、これから話すことは安倍さんも分かっていたと思いますが、今後の課題です。

あの「七〇年談話」を読んで私が感じたことは、日本が侵略国だったかどうかを考える場合、少なくとも日本が侵略された事実にも触れる必要があったということです。「侵略」を議論するのなら、日ソ中立条約を一方的に破って参戦したスターリンのソ連が、北方領土を武力で強奪し、六〇万人の我が国軍人をシベリアに強制連行して六万人の犠牲者が出たこと、満州に一五〇万人ものソ連軍が侵攻し、邦人に対して行った強姦、暴行、強盗、殺害はどれも当時の国際法に明白に違反する侵略です。日本は北方領土を不法に占拠されていますから、その点について書かなければならなかったと思います。

「村山談話」の上書き

阿比留　「七〇年談話」の評価は保守層の中でも分かれましたね。

「七〇年談話」は「植民地支配と侵略」を謝罪しながらも中身が曖昧な「村山談話」を上書きしました。欧米諸国によるアジアの植民地化の過程を描いた上で、日露戦争が多くの非西洋の植民地の人々を勇気づけたことを指摘するなど、それまでの政府文書にはない記述がちりばめられています。

先ほど安倍談話はワイツゼッカー演説を下敷きにしていると述べましたが、安倍総理は「七〇年談話」を発表する半年前から、官邸内での打ち合わせで、「カギはワイツゼッカー演説だ」と話していました。談話で安倍総理は、ワイツゼッカーのレトリックを踏襲し、「私たち日本人は、世代を超えて、過去の歴史に真正面から向き合わなければなりません。謙虚な気持ちで、過去を受け継ぎ、未来へと引き渡す責任があります」と語りました。同時に、謝罪外交との訣別宣言をしたのです。安倍さんは後に、「これで戦後八〇年談話、九〇年談話は必要なくなった」と述べています。

一方、朝日新聞はこの談話について、社説で「この談話は出す必要がなかった。いや、出すべきではなかった。改めて強くそう思う」と全面的に否定する記事を掲載しました。ところが、朝日新聞が八月二二日と二三日に実施した世論調査では、安倍談話を「評価する」と答えた人が四〇％、「評価しない」は三一％で、内閣支持率も一ポイント上昇したのです。朝日新聞が世論から大きく外れていたことが明確になりました。

安倍さんは、ベトナムの首脳から「あの談話は非常に良かった。あの談話を批判する国があったらそっちのほうがおかしいと言われた」と話していました。

実際に中韓も反発らしい反発ができませんでした。談話には「百年以上前の世界には、西洋諸国を中心とした国々の広大な植民地が、広がっていました。圧倒的な技術優位を背景に、植民地支配の波は、一九世紀、アジアにも押し寄せました」と述べ、西洋の植民地支配の歴史などもちゃんと書き込んでありましたからね。政府が発表する談話で、西洋の植民地支配が入ったのは初めのことです。

西岡　日本が植民地支配したことについて謝罪したものは、村山談話や細川談話などたくさんあります。しかし、当時の時代がどのような時代だったのか、きちんと書いたのはこれが初めてですね。

阿比留　安倍さんは、「村山談話はいったい誰が何に対して謝罪しているのか、何のことを指しているのか分からない」とよく言っていました。安倍さんの回想録でも、村山談話の誤りを正す必要があると書いています。

一方、中国に対しては、「戦争の苦痛を嘗め尽くした中国人の皆さんや、日本軍によって耐え難い苦痛を受けた元捕虜の皆さんが、それほど寛容であるためには、どれほどの心の葛藤があり、いかほどの努力が必要であったか」と「七〇年談話」に書き込みました。寛容さをほめられているのだから、中国は談話を非難できませんでした。

朝日新聞が「出すべきでなかった」と言う談話だからこそ、出して良かったのです。

西岡　ちなみに、「戦後七〇年談話」に関する有識者会議「21世紀構想懇談会」では、過去の日本の歴史について「侵略」という言葉を使うか、使わないかという論争がありましたね。有識者会議で座長代理を務めた北岡伸一東京大学名誉教授（当時、国際大学学長）は当初から「日本は侵略戦争をした。私は安倍首相に『日本が侵略した』と言ってほしい」と述べていました。これに中西輝政京都大学名誉教授をはじめ複数の委員が反対して、いったんは「侵略」という言葉には反対意見があったと「注」を付けることになったわけです。でも途中で、その「注」が付かないことになった、だから委員を辞めると中西先生から私に電話があったことをよく覚えています。中西先生はいったん辞表まで出したのです。

結局、安倍総理の指示で「注」は残り、二〇一五（平成二七）年八月六日に出された「報告書」には「侵略」について次のような「注」が書き込まれました。

〈複数の委員より、「侵略」と言う言葉を使用することに異議がある旨表明があった。理由は、⑴国際法上「侵略」の定義が定まっていないこと、⑵歴史的に考察しても、満州事変以後を「侵略」と断定する事に異論があること、⑶他国が同様の行為を実施していた中、日本の行為だけを「侵略」と断定することに抵抗があるからである〉

だから中西先生は、日本の公式文書の中で「日本は侵略国家ではない」との趣旨を「注」とはいえ書き込んだのは初めてのことだと当初は喜んでいたのです。私もすごく喜んで、中西先生と一緒に歴史戦に関する対談本まで出しているんですよ。その「注」をみんなで勉強しましょうという内容です。

阿比留　不満足な点は残っても、少しでも前に進めてそこを橋頭堡にまた前進しようという安倍さんの政治手法は、一〇〇点を求める保守派にはなかなか理解されませんね。一度に全部進めようとすると、かえって後退しかねないこともあります。朝日新聞が社説で談話を強く批判したことが、すべてを物語っています。

安倍総理がさせられた尻拭い

西岡　歴史問題を外交問題にすることは禁じ手です。しかし、一九八二（昭和五七）年以降、歴史教科書問題がきっかけとなって、韓国や中国もその手法を用いるようになりました。

当時、文部省が歴史教科書の「侵略」を「進出」に書き換えたというマスコミの誤報を見た中国の鄧小平は「これは使える」と言った。日本から大規模な経済協力資金を得るために、「ひどいことをした日本が謝罪してきた」というキャンペーンを展開することにしたのです。彼らには必要があったから「反日」を始めたわけです。

韓国の全斗煥政権も同様でした。当時は冷戦の真っただ中にあり、全政権は反共と安全保障のために、六〇億ドルの経済協力を日本に求めていました。韓国軍の近代化には二〇〇億ドルが必要で、韓国軍は日本の安全にも貢献しているのだから、そのうちの三分の一を出してほしいと求めたところ、当時の鈴木善幸内閣は、軍事支援はできないと断りました。そこに日本の新聞の誤報問題が出てきたため、全斗煥大統領は「これは使える」と判断して、鄧小平や朝日新聞と組んで「日本は韓国に対してひどいことをした」というキャンペーンを張ったのです。

条約が締結されるまで、歴史問題は外交問題として扱われますが、条約が締結された後は、歴史問題は学術的なアカデミックな分野になります。そのため、ヨーロッパでは、パーティーで歴史の話題を避けることになっています。お互いの歴史観が異なるため、天気などの話しかしません。

しかし、中韓は外交ルートを通じて、日本の教科書記述を変えるよう要求してきました。政府は「内政干渉だ」と拒否するべきでしたが、朝日などのマスコミ多数が、それに応じるべきだという雰囲気だったために、日本は弱みを見せてしまいました。

「韓国は歴史問題でゴールポストを動かしている」と言われますが、それは正しくありません。実際には、日本のマスコミが誤報をして、相手に揺さぶられる材料を提供しました。

そして、歴史問題が外交問題に発展すると、謝罪して検定基準を自ら変更してしまったのです。

阿比留　当時、文部官僚だった加戸守行元愛媛県知事は、加計学園問題のときに安倍政権では「歪められた行政が正された」と国会で証言しましたね。文部科学省の後輩に当たる前川喜平元文部科学次官が安倍政権下で「行政が歪められた」と述べていたからです。一方で加戸さんは「政治が行政を歪めたのは（教科書検定基準に近隣国への必要な配慮を盛り込んだ）近隣諸国条項だ。教科書誤報事件をきっかけに宮沢喜一総理の責任で策定した近隣諸国条項こそが、最大の問題だった」と言っていました。

だからある意味で、安倍さんは先輩たちがそれまで犯した過ちの尻拭いをさせられていたと言えます。営々と失敗を繰り返してきた歴史問題に対する過ちを、安倍さんはなんとかフォローしました。

西岡　安倍さんが国内からの批判を受けても、日韓関係を正常化しようと努力したのは、価値観外交の考えに基づいていたからです。冷戦という第三次世界大戦で、ソ連が崩壊したことは、自由民主主義の勝利を意味しています。現在もなお中国という敵が存在しており、世界的な課題として中国と戦う必要があります。全体主義はまだ滅びていません。

日本は常に自由民主主義勢力であることを貫いてきました。安倍さんが先輩たちの後始末をするのは、問題を早急に解決して、本来の課題に集中しなければいけないという世界観を持っていたからです。

阿比留　そうですね。安倍総理がロシアと仲良くしようと試みたのは、中国とロシアに対して両面作戦が取れないからです。歴史戦でも全方位作戦は取れないという事情がありました。安倍さんは非常にプラグマティック（実用主義的）な発想をしていましたから、優先順位をつけて、できるところから問題解決を進めようとしたのだと思います。

西岡　中国は南京事件を外交問題ではなく、国内世論に利用しています。江沢民以降の反日教育の中で「南京虐殺があった」と中国の若い世代は信じ込んでいます。今後、中国と軍事的な緊張が高まったときに、日本に対しては特別に残虐なことをやっても大丈夫だというメンタリティが今の中国人にはできてしまっています。これは一種の認知戦です。

評論家の石平さんから聞いたのですが、北京の人間たちは酒の席などで、今度は南京事件の代わりに東京事件を起こしてやろうじゃないかと言うそうです。もし日本に、旧日本軍が虐殺をしたと思っている人が半分ぐらいいるとしたら、これは非常に深刻な問題です。

外務省のホームページで、南京事件について「日本政府としては、日本軍の南京入城

（1937年）後、非戦闘員の殺害や略奪行為があったことは否定できないと考えています」と書いています。

私はそこに上書きして、「逸脱行為としての殺傷行為はあったかもしれないが、東京裁判でも人道に対する罪は認められていない。ナチスドイツがやったようなジェノサイドではなかったというのが日本政府の立場である」と書くべきであると思います。

阿比留 私は教科書誤報事件と近隣諸国条項をきっかけに、中国や韓国への配慮が必要だというコンセンサスが政府与党内に広がり、それが利用されて、「自虐史観にまみれた日本」ができあがった気がします。その後、自民党が社会党、新党さきがけと連立し、村山富市首相を担いだため、より左派色が霞が関と政界に濃くなってしまった。

靖国参拝、曖昧戦略の理由

西岡 そういう人が自民党にいるのだから、本当に大変です。

靖国神社に関連して思い出すことがあります。第一次政権の頃、安倍さんは「靖国に行くか行かないかは言わない」と語っていましたよね。すると、中国から私や福井県立大学の島田洋一教授、ジャーナリストの恵谷治さんに、朝鮮問題を討論したいという話が来ました。北京大学や社会科学院の学生たちと北京で討論会を開催したのですが、その際、彼らは時々「安倍さんは靖国神社に行くのですか」と訊ねてきました。

当時、私は安倍総理と親しい「五人組の一人」として報道されていたのですが、すると、中国共産党に近い人物から、「西岡先生、拉致問題を扱っていますよね。拉致問題はちゃんと温家宝首相に伝えますから、安倍さんに靖国に行かないように伝えてもらえませんか」と頼まれました。彼らは本当に靖国神社参拝を嫌がっているのだなと思いましたね。

阿比留　中国は、日本の総理が靖国神社に参拝したら、「政権がしっかりしてないからだ」と内部から批判が上がり、政治問題化することを恐れているのですね。総理が毎日、靖国に行ったら、中国では政変が起きるかもしれません（笑）。

西岡　第二次安倍政権になってすぐ、私は衛藤晟一さんに「年末に靖国神社に参拝すればいい。日本には初詣という伝統もあるし、自分が総理になったことを英霊に報告することは大事だ」と提案しました。

この提案に対して真剣に検討が始まったと聞いたのですが、結局、官邸内で賛成したのは衛藤さんだけで、今井尚哉秘書官や外務省からは反対意見が出され、ギリギリになって延期になりました。でもこのときから、参拝が実現するように準備を進めたのです。

衛藤さんは、靖国神社は侵略を美化する神社ではないという英語の資料を用意して訪米し、国務省やホワイトハウスの要人に「支持すると言わなくてもいいが、少なくとも黙っていてほしい。それが日米同盟だろう」と説明して回りました。

そして一年後の二〇一三（平成二五）年一二月二六日に安倍さんが靖国神社に参拝すると、バイデン副大統領の指示でアメリカ大使館が「失望した（disappointed）」というコメントを発表しました。衛藤さんが「自分も失望した」とコメントを出したことを覚えています（笑）。

阿比留　当時、韓国の朴槿恵大統領は歴史認識問題で、安倍総理とは会談しないと強硬な姿勢を取っていました。アメリカのオバマ政権は、日韓の関係修復に取り組もうとしましたが、日韓の歴史的な背景についての理解が浅く、韓国に与する姿勢を取りがちでした。

安倍さんが靖国神社に参拝する前の一二月二日、日本、中国、韓国を訪問して帰国したバイデン副大統領から、安倍さんに電話があり、「朴大統領に、『安倍総理は靖国神社を参拝しないと思う』と言っておいた。あなたが参拝しないと明言すれば、（朴大統領は）首脳会談に応じるのではないか」と伝えてきました。

安倍さんはすぐに、「そんな一方的な条件をつけた話を受け入れるわけにはいかない。

私は第一次政権のときに靖国神社を参拝しなかったことを『痛恨の極み』だと言って、平成二四年の衆院選に勝っている。参拝は国民との約束だと思っている。いずれかの段階で参拝するつもりだ」と反論しました。

そして実際に安倍さんが靖国神社に参拝すると、アメリカ大使館がホワイトハウスの指示で「失望した」というコメントを発表したのです。このときの安倍さんは、「アメリカは全然戦略的ではない。（中韓が歴史問題で日本を非難している）今、アメリカがあんな声明を出したって、中韓の反日勢力を勢いづかせて、かえって東アジアの緊張を高めるだけだ。アメリカの世界戦略としてまったく意味がない」と、ものすごく怒っていました。

この反応がアメリカにもすぐに伝わって、年が明けるとアメリカの国務省から日本の外務省に連絡があり、「在日アメリカ大使館が『失望』と訳したのは表現が強すぎた。せめて『落胆』か『残念』とすべきだった」と一転して融和を演出するようになりました。

年が明けた一月四日、安倍さんから私に電話がかかってきて、「アメリカは相当、慌てているね。アメリカ大使館のホームページは失望に反発するコメントでとんでもないことになっている」と言った後で、「頭に来たからアメリカから要請があった日米防衛相会談を受けるのはよそうかと思ったんだけど『靖国神社参拝非難はしない』という条件で受けてやった」と話していました。

第一次政権で安倍総理は靖国参拝について曖昧な戦略をとりましたが、そのとき、安倍さんは靖国問題に関する対中外交で二つの原則を決めていました。一つは中国などから参拝中止を要求された場合でも、「参拝しない」とは絶対に言わないこと。もう一つは、靖国に行くかどうかについてはいつでも自由に決められる立場を維持し、政府としても参拝しないとの言質は与えないことです。

これを踏まえて、私に「拉致問題をはじめとする対北朝鮮外交で中国の協力を得るために、靖国に参拝するかしないかは明言しないのだ」と説明してくれたことがあります。

そうした結果、「中国はこれまでよりも詳細な拉致問題に関する情報を日本側に伝えるようになった。北朝鮮の核問題に関する六カ国協議でも、北朝鮮に対して拉致問題の解決を相当強く、要求するようになった」と言っていました。

つまり、靖国に「行く」と明言せず、曖昧にすることで、中国から協力を引き出したのです。

西岡　安倍さんは総理になって一度だけ靖国に行きました。小泉総理はああいう性格の人だから、意地になって靖国に行きましたが、安倍さんはプラグマティストですから、日本国の国益のためにプラスマイナスを考えたのでしょう。ただ、アメリカに「失望した」と言われたのだから、もう一度、行ってほしかったなと思います。

阿比留　小泉総理を靖国に行かせたのは安倍さんです。小泉さんが総理になる前、公約の作成に安倍さんも若手として参加していました。そして公約に靖国参拝を入れたのです。

そのとき、安倍さんから「小泉さんに靖国神社へ行くと言わせたからね」と、うれしそうな声で電話がかかってきたことを覚えています。政治部デスクに「小泉さんが靖国神社参拝へという記事を書きましょうか」と言ったら、総裁選では橋本龍太郎が勝つとみんな思っていたから、「いらないよ」と言われましたが（笑）。

対中国「歴史戦」

西岡　安倍政権でも取り組むことができなかったのが、中国に対する歴史戦でした。中国は一昨年（二〇二一年）、ウイグル人に対する人権侵害を日本政府が懸念表明した途端に日本を非難しましたね。中国外務省の華春瑩報道局長は二〇二一（令和三）年三月二五日、日本政府が新疆ウイグル自治区の人権侵害に「深刻な懸念」を表明したことに対して、「日本は慰安婦問題という人道上の犯罪で言葉を濁している。彼らは人権を尊重していると言えるのか」「日本の侵略戦争で三五〇〇万人を超える中国人が死傷し、南京大虐殺で三〇万人以上が犠牲になった」と中国側の主張を改めて展開したわけです。

国際社会はウイグル人の弾圧について、ジェノサイドという認定をしています。一方、中国は「南京事件こそジェノサイドだ」と主張していますが、国際社会や東京裁判で南京事件がジェノサイドであったとの認定はされていません。

そもそも東京裁判はナチスドイツに対して行った裁判を持ちこんで、日本を人道に対する罪で裁こうとしたものです。しかし、日本にそれを適用することができなかったために、「平和に対する罪」なるものを作って適用したのです。日本軍には個別に戦時国際法に違反する逸脱行為はあったとはいえ、組織的な民間人虐待や虐殺は行っていない。

ですから慰安婦問題や南京事件は、一部の反日勢力が主張するような「人道に対する罪」や「ジェノサイド」ではないという事実を国際社会に広める努力をする必要があります。これを強化しなければ、中国は「日本こそがジェノサイド国家だ」という圧力をかけてきます。

中国共産党は先の大戦で連合国に入っていなかったにもかかわらず、戦勝国であると言い張っていることからもわかるように、彼らは歴史的事実を無視し、歴史問題を外交的に利用しているのですからね。

その中国と今後、真正面から歴史戦を戦わなければならないのに、岸田政権にはそのための備えが不十分であることが心配です。

阿比留　鳩山由紀夫元総理だけでなく、福田康夫元総理も、中国につくられた「南京大虐殺記念館」に行っているのですからね。私が「福田康夫さんは鳩山さんと同じレベルの政治家だ」と書いたら、うちの別の記者に自分をインタビューさせて、「三〇万人が犠牲になったというのは、ちょっと多すぎると思っていました。それでも、向こうが三〇万人の被害者が出たというのであれば、そこは受け入れてですね……」とバカなことを主張していました。中国のプロパガンダと完全に一体化している総理がいるような日本ですから、中国との歴史戦は相当、厳しいものになると思います。

反論する国へ

西岡　韓国内の反日勢力は、かつての一〇分の一くらいに力が落ちました。「挺対協（挺身隊問題対策協議会）」の代表だった尹美香《ユン・ミヒャン》は、二〇一六年に韓国国会議員に当選しましたが、横領などで起訴され、有罪判決を受けました。九〇年代初めから一緒に運動してきた元慰安婦の李容洙《イ・ヨンス》は尹美香を「慰安婦のために募金を使っていない」と非難して組織はガタガタになり、「挺対協」の権威は失墜しました。やはり驕る平家は久しからず、です。

韓国の中にも変化が生れています。今年（二〇二三年）二月一三日に韓国の大邱で、「西岡力慰安婦講演会」が開かれて、呼ばれて行きました。講演会には七〇～八〇人が集まりました。私は一時間半ぐらい、朝日新聞や植村記者たちがいかにひどいことをしたかという話をしました。講演会に呼んでくれたのは大邱の「読書フォーラム」という、二〇年ぐらい活動を続けている団体です。会計士や企業経営者など保守的な人たちが集まり、毎月一回、新刊書を呼んで著者に話を聴く活動を続けています。そこで二〇二〇年に韓国で翻訳出版された私の本を読んだ役員が、選考委員会に西岡を呼んでいいかを諮って、了承されたのだそうです。

私は糾弾でもされるのかなと、ちょっと緊張しましたが（笑）、皆さん、真剣に話を聴いてくれました。帰りに何人かの人が「今日はいい勉強になりました」と言って帰りました。ある人は「先生の言っていることは真実かもしれませんが、心が受けつけません」と正直な感想を述べました。韓国の人にとってはショッキングなはずの話ですが、わざわざ自分たちが立案して、私を講師として呼んでくれるというのは、真実の力がじわじわ広がっているのだなと実感しました。

また、その約一カ月後の三月一五日に再び訪韓したとき、もっと驚くべきことを体験しました。その日は水曜日で元日本大使館前の慰安婦像の近くで、恒例の正義連（旧挺対協）の反日集会があった。実は二〇一九年一二月からそのすぐ横で、慰安婦像撤去、正義連解体を求めるアンチ反日派の集会が開かれています。その日も私を大歓迎してくれたアンチ反日派の慰安婦詐欺清算連帯の集会の参加者数が、史上初めて正義連の反日集会参加者数を上回ったのです。正義連の集会は尹錫悦訪日の直前で反日が盛り上がっているはずなのにもかかわらず、わずか三〇人あまりでした。

そして、慰安婦詐欺清算連帯の集会はなんとその三倍の約九〇人が集まっていました。慰安婦像のすぐ横にトラックを改造した演台がおかれ、その前に約九〇人の老若男女が地面に腰をおろして弁士の熱弁に歓声を上げていた。そして、参加者は手に手に韓国の国旗である太極旗と日章旗を持っていた。中には大きな日章旗を振っている青年もいた。集会の後半、私が演台に上がって演説をしたのですが、みな、日章旗を振って大歓声で迎えてくれました。慰安婦像のすぐ横で、日章旗が振られる中、私が慰安婦強制連行のウソについて演説をする日が来るなど数年前には考えられなかったです。

安倍さんの蒔いたタネがようやく発芽して、韓国でも真実の上にこそ日韓の友好があると明言する人々が出てきました。

阿比留　韓国が日本を批判することが永遠に続くのは、そういう価値観の国だから避けられないでしょうが、安倍さんは戦後を終結させた指導者だったと思います。もちろん、日本には未だに「戦後的なもの」が残っていますが、国際的には日本の歴史的地位や立ち位置が大きく変化しました。安倍さんの時代に、この枠組みは大きく変わったと思います。日本は、謝罪するという宿命を断ち切って、「反論しない国」から、まだ不十分ではあるにせよ、「反論する国」に変わりました。

安倍さんが言ったように、歴史問題は匍匐前進で行くしかないと思います。いきなり変えてしまおうとすると、反対の方向に進んでしまう可能性があります。じわじわとゆっくりと進みながら、気づいたら前に進んでいたというやり方が、もっとも効果的かもしれません。

余談になりますが、第一次安倍政権が終わって安倍さんが失意の中にあったときは、世間からバカにされたり、批判されたりしました。そうした中で立ち上がろうと決めたとき、安倍さんはとても用意周到でした。あらゆる手間を省かず、少人数の車座で論議するのも当たり前でした。対立候補の支援者のところを回ったり、さらには小学生にも名刺を配ったりしたそうです。子供たちが家に名刺を持ち帰って、「お父さん、お母さん、こんなのもらったよ」と話して関心を持ってくれればいいと言っていました。本当に徹底していましたね。

西岡　今後は萩生田光一さんや高市早苗さんたちが安倍さんの路線を引き継いでくれると思います。大事なのは「チーム萩生田」「チーム高市」のような思想的、政治的同志を集めて、日本の「戦後的なもの」と戦う塊をつくれるかどうかです。安倍さんにとっては「日本の前途と歴史教育を考える若手議員の会」が最初の塊でした。その人たちが拉致問題に取り組んでくれる人たちになりました。

阿比留　「創生日本」などが、そういう役割を担えるように勉強会を続けています。その中から新たなリーダーが現れる活気とエネルギーが生まれればいいと思います。それが安倍さんの遺志を継ぎ、花開かせることになるでしょう。

おわりに――阿比留瑠比

二〇一三（平成二五）年一〇月一六日、産経新聞は一面トップで「元慰安婦報告書　ずさん調査」「氏名含め証言曖昧」「河野談話　根拠崩れる」と報じた。慰安婦募集の強制性を認めた一九九三（平成五）年の「河野洋平官房長官談話」の根拠とされていた韓国での元慰安婦一六人の聞き取り調査報告書をその二〇年後に入手し、歴史資料として通用しないお粗末な中身であることをスクープしたのである。

政府が今も非公開としている報告書はＡ４版一三枚の簡単なもので、肝心の元慰安婦の氏名にしても「呂」と苗字だけのものや「白粉」と不完全なもの、「カン」などと漢字不明のものもあった。生年月日が記載されているのは半数の八人で空欄が六人おり、朝鮮半島で重視される出身地に関しても大半の一三人が不明・不詳となっていた。一般の娼館はあっても慰安所はない地域で働いたとの証言もあった。

外務省、内閣府など関係各所に何度情報公開請求しても、「聞き取り調査は非公開を前提としていた」などとプライバシーを理由に開示を拒否されてきた報告書は、実はこんなずさんなものだったのである。あまりにも中身がひどいので、それで公開できなかったのではないかとすら感じた。

私はこのいい加減な報告書を入手した際、慰安婦問題に詳しい現代史家の秦郁彦さんと、西岡力さんに協力を依頼し、分析をお願いした。その西岡さんと今回、こうして安倍晋三元首相について対談して本という形に残せたのは、望外の光栄である。

西岡さんは、スクープ時の産経紙面でこうコメントしてくれた。

「私は平成三（一九九二）年から、『公権力による強制連行はなかった。慰安婦たちは公娼制度があった時代の貧困による被害者だ』と主張してきた。米国などの学者、ジャーナリストと議論するとき、『西岡の言うことが正しいならなぜ、日本政府は河野談話を出して謝ったのか』と何回も言われた。その河野談話の根拠である聞き取り調査がでたらめだと明らかになった」

産経は翌二〇一四（平成二六）年元日の一面トップでは、続報として「河野談話　日韓で『合作』」「原案段階からすり合わせ」「関係者証言　要求受け入れ修正」と報じた。河野談話について河野氏は「この問題は韓国とすり合わせるような性格のものではありません」（一九九七年三月三一日付朝日新聞）と述べていたが、真っ赤な嘘だった。

政府は一九九三年七月に韓国の元慰安婦への聞き取り調査を行った後、直ちに談話原案を在日韓国大使館に渡し了解を求めた。これに対し韓国側は、「一部修正を希望する」と回答し、約一〇カ所の修正を要求していた。

例えば原案で「軍の意向」とあった部分に対して、韓国側は「指示」とするよう求めてきた。日本側が「要望」がぎりぎりだと投げ返すと、韓国側は「強く請い求め、必要とすること」を意味する「要請」を提案し、最終的にこの表現が採用されている。

こうした一連の産経報道を受けて、河野談話作成時に事務方のトップである官房副長官だった石原信雄氏が二〇一四年二月二〇日の衆院予算委員会で、元慰安婦への聞き取り調査に関して裏付け調査はしていないことを改めて証言した。そして、安倍内閣の菅義偉官房長官が、河野談話の作成過程の検証を表明することにつながった。

政府は一四年六月二〇日、河野談話の作成過程について、有識者による検討チームの報告書を公開したが、その前日、安倍首相から電話がかかってきた。

「明日は官房長官から河野談話の件、発表があるからね。日韓のすり合わせがあった件と日韓双方に強制の証拠がなかった件、韓国での元慰安婦聞き取り調査の前にすでに河野談話がほぼ決まっていて、聞き取り調査は極めて形式的だった件などが出る。だいたい産経が書いてきたことだろう」

「やっぱり河野談話発表時の記者会見で、河野さんが『強制連行の事実があったという認識なのか』と問われ、『そういう事実があったと。結構です』と言ったのが失敗だ。それまで政府は（強制連行は認めないという）一線は守ってきた。河野さんもまずいと思ったのか、『精神的な強制もある』うんぬんと続けたが、これが強制連行として独り歩きした。あの記者会見は完全な失敗だ」

二〇年以上も国民の目から隠されてきた河野談話の実態が、政府自身の手で白日の下にさらされた意義は大きい。安倍氏はとうとう若手議員時代に河野談話に抱いた疑問を解明し、再検証するべきだという思いを果たし、日本軍の名誉を回復したのだった。

「安倍さんは、日本だけが悪いという西洋中心史観が我慢ならない」

安倍氏の外交政策演説のスピーチライターを務めた谷口智彦元内閣官房参与は、かつて私にこう語っていた。その通りなのだろう。私も安倍氏が、日本の歴史認識に口出ししてくる米国に対し、こんな怒りの言葉をぶつけるのを聞いたことがある。

「そもそも日本に二発の原子爆弾を落とし、（無辜の民間人を意識的に狙った）東京大空襲を行った米国に、歴史問題についてとやかく言われたくない。米国にそれを言う資格はあるか」

知日派といわれる米国の対日専門家らとは日頃は親しく振舞っていたが、歴史問題ではその限りではなかった。共和党系のアーミテージ元国務副長官が、慰安婦問題などでの韓国への譲歩を求めた際には、こう反論したと安倍氏から聞いた。

「日本の保守派は親米派が多いが、米国による原爆投下や東京大空襲を忘れたわけではない。あまり米国側が慰安婦問題などを言い募れば、彼らもそうした過去を言い出すことになる」

安倍氏によると、アーミテージ氏は「そうなのですか」と言って黙ったという。一方で、そうした思いを普段は抑えもした。

二〇一六（平成二八）年一〇月に来日したフィリピンのドゥテルテ大統領と会談した際

には、米国の悪口が止まらないドゥテルテ氏に対し、祖父の岸信介元首相について語った。岸氏がかつてA級戦犯容疑者として三年三カ月も獄につながれたことを屈辱に感じていたことを話し、「それを踏まえた上で、祖父は国民のために日米安全保障条約を改定した」と言うと、ドゥテルテ氏は神妙に耳を傾けていたという。

安倍氏は祖父のエピソードを通じ、自らの心境を語ったのだろう。国家国民のため、私情は捨てて米国も利用する。政治家、なかんずくリーダーになるために生まれてきたような人だとよく感じた。

その思いは、西岡さんと対談し、語り合う中でも何度もよみがえり、返す返す突然の非業の死が残念でならない。そして、安倍氏が為してきたことと為そうとしていたことを少しでも多くの人と共有したいと思う。

安倍氏の功績は数多いが、安倍氏が戦った「歴史戦」の意義を説く論評はそれほど目立たない。本書を通じ、そこに目を向けていただければ幸いである。

令和五年五月

阿比留 瑠比

西岡力（にしおか・つとむ）

1956年、東京生まれ。国際基督教大学卒業。筑波大学大学院地域研究科修了（国際学修士）。韓国・延世大学国際学科留学。1982～84年、外務省専門調査員として在韓日本大使館勤務。1990～2002年、月刊『現代コリア』編集長。東京基督教大学教授を経て、現在（公財）モラロジー道徳教育財団教授・歴史研究室室長。麗澤大学客員教授。「北朝鮮に拉致された日本人を救出するための全国協議会（救う会）」会長。歴史認識問題研究会会長。著書に『日韓誤解の深淵』（亜紀書房）、『日韓「歴史問題」の真実』（ＰＨＰ研究所）、『増補新版・よくわかる慰安婦問題』（草思社文庫）、『でっちあげの徴用工問題』（草思社）など多数。

阿比留瑠比（あびる・るい）

1966年3月生まれ、福岡県出身。早稲田大学政治経済学部卒業。1990年、産経新聞社入社。仙台総局、文化部、社会部を経て、98年から政治部。首相官邸、自由党、防衛庁（現防衛省）、自民党、外務省などを担当し、第一次安倍内閣、鳩山内閣、菅内閣、第二次以降の安倍内閣で首相官邸キャップを務める。安倍晋三氏がまだ当選二回だった98年7月から「代議士初めての番記者」（安倍氏の秘書の言葉）として、安倍氏の肉声を記録してきた数少ない記者。著書に『偏向ざんまい　ＧＨＱの魔法が解けない人たち』『だから安倍晋三政権は強い』（産経新聞出版）、『総理の誕生』（文藝春秋）、『安倍晋三が日本を取り戻した』（ワック）など多数。

安倍晋三の歴史戦
拉致問題・慰安婦問題・七〇年談話・靖国参拝
令和5年6月8日　第1刷発行

著　　者　西岡力　阿比留瑠比
発 行 者　皆川豪志
発 行 所　株式会社産経新聞出版
〒100-8077 東京都千代田区大手町1-7-2
産経新聞社8階
電話　03-3242-9930　FAX　03-3243-0573
発　　売　日本工業新聞社　電話　03-3243-0571（書籍営業）
印刷・製本　株式会社シナノ

ISBN　978-4-8191-1426-4　C0095